JN410502

Der Doktor Faust.
Ein Tanzpoem

파우스트 박사. 무용 시

〈지식을만드는지식 고전선집〉은
인류의 유산으로 남을 만한 작품만을 선정합니다.
읽을 수 없는 고전이 없도록 세상의 모든 고전을 출판합니다.
오랜 시간 그 작품을 연구한 전문가가
정확한 번역, 전문적인 해설, 풍부한 작가 소개, 친절한 주석을
제공합니다.

Der Doktor Faust. Ein Tanzpoem

파우스트 박사. 무용 시

하인리히 하이네(Heinrich Heine) 지음
김희근 옮김

대한민국, 서울, 지식을만드는지식, 2026

편집자 일러두기

- 이 책은 1991년 레클람문고에서 출간한 《Der Doktor Faustus. Ein Tanzpoem》을 원전으로 삼아 번역했습니다.
- 공연이나 희곡, 한 편의 시, 중 · 단편소설, 단행본 속의 한 장(章) 등은 〈 〉로 표시하고 단행본, 잡지, 신문, 장편소설 등은 《 》로 표시했습니다.
- 한, 두, 세 등으로 읽히는 숫자는 한글로, 일, 이, 삼 등으로 읽히는 숫자는 아라비아 숫자로 적었습니다. 만 이상의 단위는 한글로 하고, 시간과 날짜는 모두 아라비아 숫자로 적었습니다.
- 주석은 독자의 이해를 돕기 위해 모두 옮긴이가 단 것입니다.
- 외래어 표기는 현행 한글 어문 규범의 외래어 표기법을 따랐습니다.

차 례

하인리히 하이네(Heinrich Heine, 1797~1856)

모리츠 다니엘 오펜하임(Moritz Daniel Oppenheim, 1800~1882) 그림,

캔버스에 오일, 1831.

파우스트 전설을 남긴 것은
괴테만이 아니다.

악마와 마녀, 그리고 시 문학에 관한
흥미로운 이야기를 곁들인
무용 시

들어가며

런던에 소재한 여왕 폐하의 극장*의 총감독 럼리* 씨는 내게 자신의 무대에 올릴 발레 대본을 써 달라고 부탁했다. 나는 기꺼운 마음으로 작품을 썼고, 《파우스트 박사, 무용 시》라는 제목을 달았다. 그런데 이 무용 시는 무대에 오르지 못했다. 작품의 공연 일정이 발표된 시점에 소위 스웨덴의 나이팅게일*이 전례 없는 인기를 누리며 연속적으로 공연을 이어 가는 바람에 다른 모든 작품은 기

* 여왕 폐하의 극장(Her Majesty's Theatre) : 1705년 앤 여왕의 이름을 따서 여왕 극장으로 불렸지만, 1714년에는 국왕 극장으로 바뀌었고, 1837년 빅토리아 여왕이 왕위를 계승한 이후에는 여왕 폐하의 극장으로 변경되었다.

* 벤자민 럼리(Benjamin Lumley, 1811~1875) : 유대계 영국인으로 작가이자 변호사였으며 런던에서 오페라 공연을 기획하고 관리했다.

* 스웨덴의 나이팅게일 : 19세기 유럽에서 큰 인기를 얻었던 스웨덴 출신의 오페라 가수 제니 린드(Jenny Lind, 1820~1887)의 별명이다.

회를 얻지 못했고, 또한 발레단장이 발레단의 혼을 담아 방해 공작을 펴면서 온갖 악행을 저질렀기 때문이다. 발레단장은 시인이 발레 대본을 쓰는 걸 위험한 시도로 간주했다. 하찮은 영혼을 가진 작가와 춤추는 원숭이들이 결탁하여 그런 것을 만든다는 것이다. 가련한 파우스트! 불쌍한 마법사! 그래서 그대는 영국의 빅토리아 여왕 앞에서 마술을 펼칠 영광을 포기해야 했다! 고향이라면 상황이 좋았을까? 만일 기대와 다르게 독일 극장이 내 작품을 무대에 올릴 마음이 있다면, 나는 존경받아 마땅할 그 경영진에게 이번 기회를 통해 함부르크의 호프만과 캄페 출판사*가 나 또는 나의 법적 승계인에게 작가가 마땅히 받아야 할 사례금이 지급되도록 중재해 주시길 부탁드린다. 나는 프랑스에서 이 발레 대본의 소유권 확보를 위해 프랑스어로 번역된 책을 출판했고, 법적으로 요구되는 개수만

* 호프만과 캄페 출판사(Hoffmann und Campe Verlag) : 1781년 함부르크에서 설립됐고 하이네 외에 프리드리히 헤벨(Friedrich Hebbel), 루트비히 뵈르네(Ludwig Börne) 등의 주로 진보 성향을 지닌 작가들의 작품들을 펴냈다.

큼의 사본을 적절한 곳에 두었는데, 그렇다고 그런 사실을 언급하는 것이 불필요한 일이라고 생각하지 않는다.

내가 럼리 씨에게 발레 원고를 건네주고 향기로운 차 한 잔과 함께 파우스트 전설의 정신과 내가 다루었던 방식을 그에게 설명하며 즐거움을 만끽할 때, 그 영리한 기획자는 대본 내용을 더욱 풍성하게 만들 수 있다면서 우리 대화의 핵심을 적어 달라고 부탁했다. 공연이 열리는 날 저녁에 관객에게 배포하겠다는 것이다. 나는 이 우호적인 요청에 자필 편지를 써서 화답했고, 편지의 요약본을 이 책의 끝에 실을 것이다. 아마도 이 짧은 요약본이 독일 독자의 관심도 끌 것으로 생각한다.

나는 럼리 씨에게 보낸 편지에서 역사 속 파우스트의 모습과 마찬가지로 전설적 존재인 파우스트에 관한 정보를 거의 밝히지 않았다. 그래서 전설 속 파우스트, 즉 파우스트 전설의 기원과 발전 과정에 관한 연구 결과를 짧게나마 요약하지 않을 수 없다.

이것은 시칠리아 아다마 교구 주교의 집사인 테오필루스에 관한 전설이 아니라 고대 앵글로색슨족이 극으로 만든 것이고, 파우스트 전설의 기초라고 할 수 있으며, 테오필루스가 구사했던 저지 독일어*와 더불어 고대 색슨족 또는 앵글로색슨족이 사용하던 고대어, 즉 화석과 다름없는 태고의 단어와 어휘를 담고 있다. 그런데 운문체의 이것은 사라져 버린 원본의 사본에 불과하다. 말하자면 프랑스 노르만인들*이 영국을 침공한 직후에도 앵글로색슨족의 시는 여전히 존재했을 것이고, 프랑스의 음유시인 뤼트뵈프*가 문자 그대로 똑같이 베껴 신비극*으로 만들어 무대에 올렸기 때문이다. 나는 이 신비극이 수록된 몽메르케*의 모음집을 접할 수 없는 사람들을 위해, 박학다식한 매그닌*이 약 7년 전 학술지인 《주흐날 데사반

* 저지 독일어 : 독일 북부와 네덜란드 동부 지역에서 사용하던 독일어 방언이다. 현재의 독일어와 다르며 저지 작센어로도 불린다.

* 노르만인 : 중세에 스칸디나비아반도에서 프랑스 지역으로 이동하여 살던 민족이다. 조상이라 할 수 있는 원래의 바이킹족과 달리 프랑스화된 민족이다.

* 뤼트뵈프(Rustebeuf, 1245~1285) : 프랑스의 음유시인이자 극작가다.

* 신비극(mystère) : 프랑스 종교극의 하나로, 성전극 또는 성사극으로도 불린다.

* 루이 장 니콜라 몽메르케(Louis Jean Nicolas Monmerqué, 1780~1860) : 프랑스의 작가이자 행정관이다.

* 샤를 매그닌(Charles Magnin, 1793~1862) : 프랑스의 작가다.

스》*에서 그 신비극을 상세히 다룬 적이 있다는 사실을 알려 드린다. 영국 시인 말로* 역시 음유시인 뤼트뵈프의 신비극을 활용하여 이미 영어로 번역된 옛《파우스트》책들에 이어 독일의 마법사 파우스트와 유사한 전설을 희곡의 형태로 만들었다. 테오필루스의 신비극과 옛《파우스트》민중본이 말로의 작품을 탄생시킨 두 가지 요소가 된 것이다. 테오필루스의 작품에서 주인공은 마법사에 이끌려 세상의 재물을 얻기 위해 영혼을 악마에게 맡기고 천상의 신에게 도전하는 비열한 반역자지만, 결국에는 계약을 되돌리는 성모 마리아의 은총으로 구원받는 존재다. 그러나 말로의 작품에서 주인공은 직접 마술사로 등장한다. 그리고 파우스트 이야기에 등장하는 강신술사*처럼 그

* 《주흐날 데사반스(Journal Des Savants)》: 유럽의 역사와 문학을 비롯하여 법과 자연 철학까지 다루었던 학술지다.

* 크리스토퍼 말로(Christopher Marlowe, 1564~1593) : 16세기 영국의 시인이자 극작가다. 동시대 작가인 셰익스피어에게도 영향을 준 것으로 알려져 있다.

* 강신술사 : 무당이나 점쟁이처럼 특수한 방법으로 신령을 부르고 미래의 일에 대한 정보를 얻는 자다.

는 최고 권력자들 앞에서 마술을 펼쳐 보이는 과거의 전설 속 마술사들의 모습을 그대로 재현한다. 그런데 이 이야기는 구원의 은총을 베푸는 성모 마리아가 발을 들여놓을 수 없는 개신교 땅에서 전개되었다. 악마가 은혜를 베풀지 않고 무자비하게 마술사를 끌고 간 것도 바로 그 점 때문이다. 셰익스피어 시대에 런던에서 번성했고 큰 무대에서 관객의 인기를 독차지했던 인형극 역시 말로의 모범에 기초하여 원작을 희화화하거나 지역적 필요에 맞도록 고치고, 또는 자주 있는 일이었지만, 관객의 관점에 맞추어 내용을 각색하면서 〈파우스트〉를 무대에 올렸다. 영국에서 본토로 건너오고 네덜란드를 거쳐 우리 고향의 노점상으로 와서 거친 독일어의 마구잡이식 번역으로 하층민들을 열광시켰던 것이 바로 지금의 인형극 〈파우스트〉다. 그러나 아무리 세월이 바뀌어도, 특히 감흥이나 기분에 따라 그 내용이 바뀌어 여러 판본이 존재함에도 본질은 바뀌지 않았으니, 우리의 위대한 시인 볼프강 괴테도 슈트라스부르크의 어느 모퉁이 극장에서 〈파우스트〉가 공연되는 것을 보고, 그것에서 그의 걸작에 쓰일 형식과 주제를 빌려 오지 않았던가. 특히 괴테가 쓴 〈파우스트〉*의 첫 번째 미완성본에서 그것이 가장 잘 드러난다. 여기에는 아직 〈샤쿤탈라〉*에서 따온 서곡과 욥*을 모델로 한 프롤

로그가 없고, 소박한 인형극 형식을 벗어나지 못했으며, 슈피스*와 비트만*이 쓴 오래된 원작에 대한 지식을 암시하는 진정한 모티프 역시 존재하지 않는다.

이것이 테오필루스의 시에서 괴테에 이르기까지 파우스트 전설의 기원이다. 이 전설이 현재처럼 인기를 끌게 된 것은 괴테 덕분이다. 아브라함이 이삭을 낳고, 이삭은 야곱을 낳고, 야곱은 유다를 낳았으니, 왕홀이 영원히 그 손에 있으리라. 인생에서와 마찬가지로 문학에서도 모든 아들에게는 아버지가 있다. 아버지를 항상 아는 것은 아니

* 요한 볼프강 폰 괴테(Johann Wolfgang von Goethe, 1749~1832)가 평생에 걸쳐 집필한 2부로 구성된 운문 희곡이다.

* 〈샤쿤탈라(Sakuntala)〉 : 인도의 산스크리트어로 쓰였으며 주로 궁정에서 공연된 연극이다.

* 욥 : 《구약성서》 〈욥기〉에 등장하며 인간적 고뇌와 신앙의 시험을 상징하는 인물이다.

* 요한 슈피스(Johann Spieß, 1540~1623) : 전설적인 파우스트 박사 이야기를 펴낸 독일의 출판업자다.

* 게오르크 루돌프 비트만(Georg Rudolf Widmann, 1550~1600) : 독일의 작가이자 정치가로서 슈피스의 책 내용에 교훈과 신학 등의 내용을 추가 보완하여 원작보다 더 많은 인기를 누렸다.

고, 심지어 아버지를 부인하고 싶어도 어쩔 수 없다.

1851년 10월 1일 파리에서

하인리히 하이네

파우스트 박사
무용 시

너는 나를 무덤에서 불러냈지
마술의 힘을 빌려,
정욕의 뜨거운 열기로 나를 소생시켰으니
이제 너는 욕망을 억누르기 어려울 것이다.

네 입으로 내 입을 맞추어라,
인간의 숨결은 신성하도다!
네 영혼을 다 마셔 버릴 것이다,
죽은 자들은 만족을 모른다.

제1막

대형 연구실. 고딕 양식의 아치형 천장. 희미한 조명. 책장, 점성술과 연금술 장비들(지구의, 천구, 행성 그림들, 시험관, 이상하게 생긴 안경), 해부 표본(사람과 동물의 해골), 그 밖의 마술 소품들.

자정을 가리키는 종소리. 책 더미와 실험 도구로 뒤덮인 테이블 옆 높은 안락의자에 파우스트 박사가 생각에 잠긴 채 앉아 있다. 그는 16세기의 독일 학자들이 입는 옷을 입었다. 마침내 자리에서 일어난 그는 비틀거리는 걸음으로 쇠사슬이 달린 2절판의 대형 서적이 있는 책장으로 향한다. 그는 자물쇠를 열어 꺼낸 책(말하자면 악령을 부르는 주문서)을 테이블로 가져온다. 그의 몸짓에서 서투름과 용기, 어색한 권위와 고집이 센 박사의 자부심이 뒤섞여 나타난다. 불을 붙여 등을 밝히고 칼로 바닥에 다양한 형상의 마법진*을 그린 뒤 그는 그 큰 책을 연다. 악마를 부르는 그의 몸이 가늘게 떨린다. 방이 어두워진다. 번개와 천둥이 친다. 땅이 갈라지기 시작하더니 그 틈에서 불붙은 붉은 호랑이가 솟아오른다. 파우스트는 조금도 겁을 먹지 않고 조롱을 퍼부으며 불붙은 짐승에게 다가간다. 즉시 꺼져 버리라고 명령하는 것 같다. 야수는 곧바로 땅속으로 사라진다. 파우스트는 다시 주문을 외우기 시작한다. 다시 번개와 천둥이 치고, 이번에는 갈라진 땅에서 거대한 뱀이 솟아올라 똬리를 틀고 쉭쉭 소리를 내며 위협적인 자세를 취한다. 이번에도 박사는 경멸하듯 어깨를 으쓱하고 미소 짓는다. 지옥의 악령이 이보다 더 끔찍할 수는 없다고 박사가 조롱하자 뱀은 땅속으로 기어서 들어간다. 파우스트는 더욱 열정적으로 주문을 외운다. 그런데 이번에는 어둠이 사라지고, 셀 수 없이 많은 등불로 방이 환하게 밝아지더니 천둥 대신 감미로운 춤곡이 들린다. 그리고 꽃바구니에서 나온 것처럼 갈라진 땅에서 평범한 망사와 몸에 착 붙는 트리코 천으로 만든 옷을 입은 발레리나가 등장한다. 그녀는 주위를 이리저리 가볍게 나풀거리며 진부한 피루엣* 동작을 취한다.

* 마법진 : 마법 효과를 보기 위해 그리는 동심원 형태의 문양이다.

파우스트는 주문으로 소환된 악마 메피스토펠레스가 끔찍한 모습이 아니라 발레리나로 등장할 수 있다는 사실에 놀라지만, 곧 미소 짓고 우아한 모습이 마음에 든다는 듯 발레리나에게 찬사를 보내며 경의를 표한다. 메피스토펠레스, 또는 여성으로 전환했기에 오히려 메피스토펠라로 불러야 하겠지만, 그녀는 박사의 칭찬에 화답하듯 그의 주위를 빙빙 돌며 갖은 교태로 아양을 떤다. 그녀의 손에 마술 지팡이가 들려 있다. 지팡이로 건드린 것들이 희한한 모습으로 바뀐다. 하지만 사물의 원래 형태는 완전히 사라지지 않는데, 예를 들어 희미하게 잘 보이지 않던 행성 그림이 안에서부터 화려하게 밝아지고, 괴물 모양의 금속 잔에서는 아름다운 새들이 머리를 내밀며, 부엉이는 부리에 지랑돌*을 물고, 벽에서는 황금으로 만든 값비싼 것

* 피루엣(Pirouette) : 발레 용어로, 한쪽 발끝으로 서서 회전하는 기법이다.

* 지랑돌(Girandole) : 장식용 촛대 또는 원형 패턴의 작은 보석으로 둘러싸인 귀걸이다.

들, 예컨대 베네치아풍의 거울, 골동품 부조, 예술 작품들이 돋아난다. 모두 혼란스럽고 유령이 나온 듯 으스스하지만 눈이 부시도록 아름답다. 대단한 아라베스크*가 아닐 수 없다. 아름다운 여인은 파우스트와 함께 우정을 맺으려 하지만 그녀가 내민 양피지, 즉 끔찍한 내용의 양도 계약서에 박사는 선뜻 서명할 생각이 없는 것 같다. 그는 그녀에게 지옥의 다른 힘들을 보여 달라고 요구한다. 그러자 암흑세계의 왕들이 땅에서 나온다. 동물 형상의 기이함과 끔찍함이 기묘하게 섞인 괴물들이다. 그들 대부분은 머리에 왕관을 쓰고 발로 왕홀을 들고 있다. 메피스토펠라는 엄격한 궁중 예법을 흉내 내며 괴물들에게 파우스트를 소개했다. 지하 세계의 왕들은 서투른 몸짓으로 비틀대며 격식에 맞추어 춤추기 시작한다. 그런데 메피스토펠라가 마술 지팡이로 그들을 건드리자, 몸에서 추악한 껍질이 떨어져 나가고 그들도 망사와 트리코 천, 꽃 화환이 달린 옷을 입고 날개를 퍼덕이듯 춤추는 우아한 모습의 발

* 아라베스크(Arabesk) : 장식이 많고 경쾌한 형태로서 미술, 건축, 음악 등에서 쓰이는 용어다.

레리나로 변한다. 파우스트는 그들의 변신에 즐거워하면서도 아름다운 악마 중에 그의 취향에 딱 맞는 이는 찾지 못한 것 같다. 이것을 눈치챈 메피스토펠라가 다시 지팡이를 휘두른다. 그러자 마법에 걸린 벽 거울에 궁중 의상을 입고 머리에 공작 왕관을 쓴 아름다운 여인의 모습이 나타난다. 파우스트는 그녀를 보자마자 감탄하면서 기뻐한다. 그리고 사랑을 갈구하며 고귀한 자태를 뽐내는 여인에게 다가간다. 하지만 살아 있는 듯 움직이는 거울 속 여인은 코를 찌푸리며 도도한 모습으로 그를 밀어낸다. 파우스트는 그녀 앞에 무릎을 꿇고 간청하지만, 그녀의 경멸은 반복되고 더욱 거세진다.

가련한 박사가 애원하는 눈빛으로 뒤를 돌아보자, 메피스토펠라가 장난스럽게 어깨를 으쓱하더니 다시 마술 지팡이를 휘두른다. 그러자 땅에서 추악한 모습의 원숭이가 허리까지 몸을 드러낸다. 화가 난 메피스토펠라가 머리를 흔들자, 원숭이는 재빨리 땅속으로 사라지고 잘생기고 날씬한 발레리노가 등장하더니 매우 진부한 파*의 동작을 취한다. 무용수는 거울 속 여인에게 다가간다. 그가 심드렁한 표정으로 거울 속 여인에게 구애 자세를 취하자 아름다운 여인이 애정 어린 미소로 화답한다. 그녀는 지독한 그리움에 시달린 듯 손을 뻗고 힘이 빠져 기진맥진한 모습이다. 이 광경을 본 파우스트는 절망에 빠진다. 하지만 메피스토펠라가 그를 불쌍히 여기며 마술 지팡이로 행운을 잡은 무용수를 건드린다. 무용수는 다시 원숭이로 변신하고 벗겨진 무용복을 바닥에 남겨 놓은 채 땅으로 사라진다. 메피스토펠라는 다시 양피지를 파우스트에게 내민다. 파우스트는 주저하지 않고 팔의 정맥을 찔러 흘러나온 피로 일시적인 세속적 향락을 위해 영원한 천상의 행복을 단념하겠다는 내용의 계약서에 서명한다. 그는 엄숙하고 명예로운 박사의 가운을 벗어 던지고 죄악으로 물들어 화려하게 빛나는, 말하자면 무용수가 사라지며 바닥에 남겨 놓은 옷을 입는다. 옷 갈아입는 데 서툰 박사를 지옥의 경박한 발레 단원들이 도와준다.

메피스토펠라는 이제 파우스트에게 춤을 가르친다. 발레의 모든 기교와 손동작 또는 발동작까지 손수 보여 준

* 파(Pas) : 발레 용어로 발끝을 지면에 닿도록 하고 이동하는 걸음걸이를 가리킨다.

다. 화려하면서도 경쾌한 파를 따라 하고 싶지만, 학자의 몸놀림은 서툴고 뻣뻣할 뿐이니, 그의 동작은 메피스토펠라의 그것과 대비되며 유쾌한 효과를 만들어 낸다. 사악한 발레리나들도 자기 방식대로 모범을 보이며 그를 도우려 한다. 한 발레리나가 다른 발레리나의 품에 가련한 박사를 안겨 주면 그녀는 그의 몸을 빙빙 돌린다. 그는 여기저기로 끌려다닌다. 사랑의 힘으로, 그리고 마음을 따르지 않는 육체를 조금씩 유연하게 만드는 마술 지팡이의 힘으로 안무 수습생은 드디어 최고의 경지에 오른다. 그는 이제 메피스토펠라와 멋진 파 드 되*를 춘다. 그는 동료 예술가들을 기쁘게 해 주기 위해 멋진 모습으로 그들과 함께 날듯이 주위를 돌며 춤춘다. 명인다운 기교를 선보인 그는 거울 속 아름다운 여인 앞에 감히 발레리노로 등장하고, 여인은 열정적인 춤으로 구애하는 그에게 불타오르는 사랑의 열정으로 화답한다. 파우스트가 흥분의 도취 상태에서 헤어 나오지 못하고 점점 더 격렬한 춤을 추자, 메피

* 파 드 되(Pas de deux) : 두 사람이 추는 춤이다.

스토펠라가 마술 지팡이로 거울을 사라지게 만들며 그를 여인에게서 떼어 놓는다. 옛 방식 그대로의 고급반 수업은 다시 계속된다.

제2막

큰 광장, 오른쪽으로 성이 보인다. 무대 위 옥좌에 앉은 공작과 공작 부인을 중심으로 궁정 하인들, 기사, 귀부인들이 빙 둘러서 서 있다. 공작은 잔주름 많은 노신사이고, 공작 부인은 젊고 풍만한 체구의 여인인데, 제1막에서 마술 지팡이가 건드려 만든 모습 그대로다. 특히 왼발의 황금 구두가 눈길을 끈다.

무대는 축제를 여는 듯 화려하게 꾸며졌다. 고풍스러운 로코코풍의 양치기 연극이 펼쳐진다. 우아하지만 운치가 없고, 엄숙하지만 단순하다. 춤으로 표현되는 목가적 이상향의 모습이 억지로 꾸민 듯 어색하다. 갑자기 춤이 중단된다. 무용복 차림의 파우스트와 메피스토펠라가 지옥의 발레 단원들과 환호성을 지르며 승리의 행진을 벌인다. 파우스트와 메피스토펠라가 공작 부부에게 경의를 표하자, 공작 부부가 그들을 주의 깊게 살펴보더니 행복했던 시절을 기억한 듯 그들과 다정하게 눈빛을 교환한다. 공작은 특히 메피스토펠라의 인사에 호의적으로 화답하는 것 같다. 파우스트와 메피스토펠라는 성급하게 파 드 되를 추면서 공작 부부를 주시한다. 지옥 무용수들의 춤 차례가 되자, 메피스토펠라는 공작과 함께, 파우스트는 공작 부인과 춤을 춘다. 메피스토펠라가 둔하고 뻣뻣한 공작에게 지나치게 수줍은 척하는 모습과는 대조적으로 파우스트와 공작 부인의 열정적인 모습이 돋보인다.

공작이 마침내 파우스트를 향해 몸을 돌린다. 그리고 마술을 부려 죽은 다윗 왕의 춤추는 모습을 보여 달라고 요구한다. 공작의 집요한 요구에 파우스트는 메피스토펠라의 손에서 마법 지팡이를 빼앗아 주문을 외우고 흔든다. 그러자 땅이 갈라지고 한 무리가 나타난다. 레위족속이 끄는 마차 위 언약궤* 앞에서 다윗 왕이 트럼프 카드에 그려진 왕처럼 행복하고 모험심 넘치는 모습으로 춤을 춘다. 고귀한 언약궤 뒤에는 폴란드 유대인처럼 뾰족한 턱수염을 기르고 길고 너풀거리는 검은 비단 카프탄을 입

* 언약궤 : 십계명을 보관한 나무 상자로, 성궤 또는 계약궤로도 불린다.

었으며 흔들거리는 머리에 모피 모자를 쓴 왕실 경비원들이 긴 창을 손에 들고 앞뒤로 껑충껑충 뛰어다닌다. 행진을 마친 그들은 큰 박수를 받으며 다시 땅속으로 사라진다.

파우스트와 메피스토펠라는 다시 파 드 되를 춘다. 파우스트도 다시 공작 부인을 유혹하고, 메피스토펠라 역시 공작에게 애교를 부리기 시작한다. 더는 저항할 생각이 없는 고상한 공작 부부는 자리를 떠나 파우스트와 메피스토펠라의 춤에 합류한다. 극적인 카드리유*를 추며 공작 부인을 더욱 집요하게 유혹하는 파우스트는 그녀의 목에 걸린 악마의 표식을 보고 그녀가 마법사라는 걸 알아차린다. 그리고 그녀에게 마녀들의 다음 안식일 모임 날짜를 가르쳐 준다. 깜짝 놀란 그녀는 모르는 척 그의 말을 부정하지만, 파우스트는 사탄의 가장 고귀한 신부를 상징하는 황금 구두를 손가락으로 가리킨다. 그녀는 수줍어하며 만

* 카드리유(Quadrille) : 서로 마주 보며 추는 춤이다.

남을 수락한다. 공작과 메피스토펠라는 추던 춤을 이어 간다. 지옥의 무용수들은 네 명의 주인공이 대화를 나누며 뒤로 물러난 뒤에도 계속해서 춤을 춘다.

공작이 다시 마술을 보여 달라고 하자 파우스트는 마법 지팡이로 원무를 추는 무용수들을 건드린다. 그러자 그들은 제1막에 등장했던 괴물로 변한다. 우아한 원무를 추던 그들은 어지럽게 이리저리 돌다가 쿵 하고 넘어지더니 결국 불꽃이 넘실거리는 갈라진 땅속으로 사라진다. 열광적인 박수 소리가 울려 퍼지는 가운데 파우스트와 메피스토펠라는 지체 높은 귀족들과 존경해 마지않는 관객을 향해 허리 굽혀 감사의 절을 한다.

마술이 끝날 때마다 쾌감은 미친 듯 커져만 간다. 무작정 플로어로 달려간 네 명의 주인공이 카드리유를 추자, 열정이 더욱 뜨겁게 달아오른다. 파우스트는 적잖이 당황스러운 몸짓으로 구애에 화답하는 공작 부인 앞에서 무릎을 꿇는다. 파우스트처럼 매혹적인 메피스토펠라 앞에서 무릎을 꿇은 늙은 공작은 우연히 몸을 돌리다가 파우스트 옆에 배우자가 있는 것을 보고 화가 나서 벌떡 일어나 칼로 파렴치한 마법사를 찌르려 한다. 파우스트는 재빨리 마법 지팡이를 잡아 공작을 건드린다. 그러자 공작의 머리에서 거대한 사슴뿔이 돋아난다. 공작은 끝이 두 갈래로 갈라진 뿔로 위협하며 파우스트를 공작 부인에게서 떼어 놓는다. 놀란 신하들이 칼을 잡고 파우스트와 메피스토펠라에게 달려든다. 파우스트가 지팡이를 다시 흔든다. 그러자 무대 뒤에서 갑자기 우렁찬 나팔 소리가 들리고 머리부터 발끝까지 갑옷을 두른 기사의 무리가 등장한다. 신하들이 기사들과 싸우기 위해 몸을 돌리자, 파우스트와 메피스토펠라는 땅에서 솟아오른 두 마리의 검은 말을 타고 하늘로 날아간다. 바로 그 순간, 무장한 기사 무리도 갑자기 흔적도 없이 사라진다.

제3막

마녀들의 안식일 축제가 열리는 밤 풍경. 넓은 산 정상. 양편으로 나무들이 있고, 가지에 걸린 등불이 무대를 밝히고 있다. 무대 중앙에는 돌로 만든 받침대가 제단처럼 놓여 있고, 그 위에 검은 인간 얼굴을 한 염소가 서 있다. 두 뿔 사이로 불타는 촛불이 보인다. 겹겹이 쌓이고 우뚝 솟은 산봉우리들이 원형극장처럼 무대를 둘러싸고, 거대한 계단 위에 지하 세계에서 온 고귀한 신분의 관객들이 앉아 있다. 그들은 앞의 막에서 보았던 지옥의 왕들이다. 그들의 몸집이 이전보다 더 커진 것 같다. 새의 얼굴을 하고 이상하게 생긴 현악기와 관악기를 연주하는 음악가들이 나무 위에 웅크리고 앉아 있다. 무대는 이미 다양한 나라와 시대의 의상을 입은 무용수들에 의해 활기가 넘친다. 무대 전체가 가면무도회를 연상케 한다. 상당수가 변장하고 가면을 쓰고 있어서 더욱 그렇다. 그들이 괴상하고 기이하며 모험심에 사로잡힌 존재라 하더라도, 미적 감각을 잃은 존재로 그들을 형상화해서는 안 된다. 일그러진 얼굴로 인해 추하다는 인상이 들지 않도록 해야 한다. 손에 횃

불을 든 남자와 여자 한 쌍이 제단 앞에서 절하고 무릎을 꿇으며 존경과 복종을 맹세하는 입맞춤의 의식을 치른다. 그사이에 새로운 손님들이 빗자루, 두엄 쇠스랑, 숟가락, 늑대와 고양이를 타고 공중을 날아 그곳에 도착한다. 새로 도착한 이들은 그들을 애타게 기다리던 연인을 만난다. 따뜻한 환영을 받은 뒤에 그들은 춤추는 무리에 합류한다. 고귀한 공작 부인 역시 거대한 박쥐를 타고 날아온다. 거의 알몸과 다름없는 그녀의 오른쪽 발에 황금 구두가 걸쳐져 있다. 그녀는 초조하게 누군가를 찾는 것 같다. 그러다가 마침내 간절하게 그리워하던 그를, 즉 메피스토펠라와 함께 검은 말을 타고 축제에 참여한 파우스트를 발견하고 그를 향해 날아간다. 파우스트는 화려하게 빛나는 기사 복장 차림이고 메피스토펠라는 독일 귀족 여성의 단정하고 몸에 꼭 맞는 승마복을 입었다. 파우스트와 공작 부인이 서로의 품에 달려든다. 격렬하게 춤을 추는 두 사람에게서 뜨거운 열정이 엿보인다. 한편 메피스토펠라 역시 고대하던 연인을 만난다. 검은 스페인풍 외투를 입고 챙 없는 납작모자에 붉은 수탉 깃털을 꽂은 날씬한 몸매의 젊은 귀족이다. 그러나 파우스트와 공작 부인의 춤이 점점 더 뜨겁고 거칠어진다면, 메피스토펠라와 동반자가 추는 춤은 상냥한 거짓말과 끓어오르는 정욕을 풍자하는, 그저 구애의 몸짓일 뿐이다. 네 사람은 검게 타오르는 횃불을 들고 염소에게 다가가 존경과 복종을 맹세한 후 제단을 중심으로 여러 무리가 추는 원무에 합류한다. 춤추는 사람들의 얼굴은 바깥을 향하고 있지만, 등은 서로 맞대고 있다는 점이 이 춤의 특징이다.

광란의 사랑에 빠진 파우스트와 공작 부인은 원무를 추는 사람들의 무리에서 빠져나와 무대 오른편의 나무 뒤로 몸을 숨긴다. 원무가 끝나고 새로운 손님들이 제단 앞에 나아가 염소를 숭배한다. 그들 중에는 왕관을 쓴 이들도 있고, 심지어 사제 복장 차림의 고위 교회 인사들도 있다.

사제와 수녀가 이제 무대 전면으로 이동하고, 산봉우리에 있는 지옥의 관중들은 화려한 폴카*의 도약에 맞추어 흥겨운 듯 발을 뻗고 박수를 보낸다. 파우스트와 공작 부인이 다시 등장하지만, 파우스트의 얼굴에는 당혹스러운

* 폴카: 화려한 2박자 리듬의 춤곡이다.

표정이 역력하다. 그는 짜증을 내며 관능적인 애무를 중단하지 않고 그를 뒤쫓는 여인에게서 얼굴을 돌린다. 싫증과 혐오를 그의 얼굴에서 분명히 볼 수 있다. 공작 부인이 그의 앞에 쓰러져 간청하지만, 그는 꺼림칙하다는 듯 그녀를 밀어낸다. 바로 그 순간 검은 염소 문양이 수 놓인 황금 휘장을 입은 세 명의 무어인이 나타나 공작 부인에게 즉시 그녀의 주인이자 스승인 사탄에게 가라고 명령하며 머뭇거리는 여인을 강제로 끌고 간다. 이어 무대 뒤편 제단에서 내려온 염소가 공작 부인과 미뉴에트* 춤을 춘다. 그런데 절제 있고 격식을 갖춘 파의 자세를 취하며 천천히 걸음을 옮기는 염소의 얼굴에서 타락한 천사의 우울함과 거만한 왕의 지독한 권태로움이 드러나고, 공작 부인의 표정에서는 암울한 절망이 엿보인다. 춤이 끝나 염소는 다시 제단 위에 오르고 이 광경을 지켜보던 여인들이 공작 부인에게 다가와 경의를 표하며 그녀를 데리고 간다. 파우스트가 무대 앞에 서서 미뉴에트 춤을 보고 있는 동안

* 미뉴에트 : 우아한 3박자 리듬의 춤곡이다.

메피스토펠라가 그에게 다가간다. 혐오스럽다는 듯 파우스트가 공작 부인을 가리키며 뭔가 끔찍한 것을 말하는 것 같다. 그것은 괴상망측한 것들, 교회의 금욕주의에 관한 서툴고 비열한 조롱에 불과하지만, 그에 못지않게 불쾌한 고딕식 난잡함에 관한 것이다. 그는 순수한 아름다움에 목말라한다. 호메로스*가 말한 봄의 세계에 등장하는 사심 없고 고귀한 인물로 대표되는 그리스적 조화를 꿈꾸는 것이다. 메피스토펠라는 이러한 그의 속내를 알아차리고 마법 지팡이로 땅을 건드려서 스파르타의 유명한 헬레네를 불러내더니 다시 그녀를 사라지게 한다. 고대의 이상을 동경하는 박사가 원한 게 바로 그거다. 메피스토펠라는 열정을 드러내는 것에 주저함이 없는 파우스트와 함께 마법의 말을 타고 다시 하늘로 날아오른다. 바로 그 순간 공작 부인이 등장한다. 그녀는 연인이 도망친 것을 알아차리고 절망에 빠져 의식을 잃고 바닥에 쓰러진다. 흉측한 모습의 괴물들이 승리에 취한 듯 농담을 던지고 익살을

* 호메로스 : 고대 그리스의 시인으로, 대표작으로 서사시 《일리아스》와 《오디세이아》가 있다.

부리며 그녀를 들어 올리고 이리저리 돌아다닌다. 다시 시작된 마녀들의 원무가 갑자기 종소리와 교회음악을 파렴치하고 우스꽝스럽게 모방한 시끄러운 오르간 소리에 의해 중단된다. 모두가 달려간 제단 위 염소가 불에 타며 딱딱거리는 소리가 난다. 막이 내린 뒤에도 사탄의 미사에서 나는 우스꽝스럽고 끔찍한 소리는 여전하다.

제4막

한데 모여 있는 여러 섬 중 하나. 무대 왼쪽 에메랄드색으로 빛나는 바다가 청록색 하늘과 멋진 대비를 이루고 화창한 하늘이 이상적인 풍경을 연출한다. 식물과 건축물은 《오디세이아》의 시인이 한때 꿈꿨던 것처럼 그리스적인 아름다움을 지니고 있다. 소나무와 월계수 덤불, 나무 그늘에 놓인 하얀 조각물들, 진기한 식물이 담긴 거대한 대리석 꽃병, 꽃으로 휘감긴 나무들, 수정처럼 영롱한 빛을 내며 떨어지는 폭포, 무대 오른편으로 비너스 아프로디테 신전, 줄지어 선 기둥 위로 반짝이는 조각상들이 보인다. 사람들 모습이 생기발랄하다. 하얀색 축제 옷을 입은 청년들, 요정 옷을 입고 앞치마를 두른 처녀들, 머리는 장미나 은매화로 장식되었다. 무리에 섞여 즐거워하는 그들은 여신들의 여흥을 위해 신전 앞에서 원무를 춘다. 그곳에 있는 모든 것이 그리스적 유쾌함을 호흡하고 있다. 고전적 평온함이 신들의 영묘하고 평화로운 기운이 깃든 이곳을 지배한다. 안개처럼 희미한 내세, 정욕과 두려움의 신비로운 설렘, 육체에서 해방되어 끝을 모르는 영혼의 황홀경을 상기시켜 주는 것은 여기에 존재하지 않는다. 진정한 행복만이 이곳에 살아 숨 쉬듯 존재할 뿐이다. 과거를 회고하며 우수에 젖거나 미래를 예측하며 공허한 동경에 빠지는 일도 없다. 이 섬을 다스리는 여왕은 스파르타의 헬레네. 시학을 관장하는 가장 아름다운 여인, 그녀는 비너스 신전 앞 궁정 시녀들 가장 앞자리에서 춤을 춘다. 주변과 조화를 이루는 그녀의 춤과 자세, 절제 있고 순결하며 엄숙하다.

검은 말을 탄 파우스트와 메피스토펠라가 하늘에서 떨어지듯 불쑥 그 세계 안으로 침입한다. 끔찍한 악몽과 괴로운 질병, 그리고 황량한 광기에서 해방된 듯 그들은 원초적인 아름다움과 진정한 고귀함에 행복과 기쁨을 느낀다. 손님을 환대하며 다가온 여왕과 일행은 고상한 무늬의 식기에 음식과 음료를 담아 제공하며 고요한 행복의 섬에 그들이 함께 머물도록 초대한다. 파우스트와 동료는 기쁨의 춤으로 화답하고, 모든 사람은 줄지어 비너스 신전으로 다가간다. 그곳에서 파우스트 박사와 메피스토펠라는 중세풍의 옷을 벗어 던지고 소박하면서도 화려한 그리스풍의 옷으로 갈아입는다. 다른 모습으로 바뀐 그들이 헬레네와 함께 다시 무대 앞으로 나오고 신비롭고 웅장한 분위기 속에서 3인조 춤을 춘다.

파우스트와 헬레네는 무대 오른쪽의 왕좌에 앉고, 바쿠스*를 섬기는 사제를 흉내 내는 메피스토펠라는 지팡이와 탬버린을 들고 방자한 술꾼의 모습으로 이리저리 돌아다닌다. 헬레네의 시녀들이 쾌락에 젖은 그녀의 모습을 따라 하며 머리에서 장미와 은매화를 떼어 내고 탬버린을 든 채 포도나무 잎으로 감긴 머리카락을 펄럭이며 바쿠스 사제처럼 비틀거리며 걸어간다. 그러자 방패와 창으로 무장한 청년들이 빠르게 등장해 광기에 사로잡힌 소녀들을 몰아내고 고대의 작가들이 매우 즐겁게 묘사했던 무언극 중 하나인 전투 장면을 춤으로 보여 준다.

이런 영웅적인 목가극*에는 고대의 해학적 요소가 가

* 바쿠스 : 로마 신화에 등장하는 주신(酒神)으로 그리스 신화의 디오니소스에 해당한다.

* 목가극 : 전원을 배경으로 젊은 남녀의 삶을 다룬 극이다. 르네상스 시기 이탈리아를 중심으로 발전한 극 형태로 전원 목가극으로도 불린다.

미되기 마련이다. 말하자면 백조에 올라탄 큐피드* 무리가 춤을 추며 창과 활을 들고 싸우는 연기를 시작하는 것이다. 그런데 이 멋진 연기가 갑자기 중단된다. 파우스트와 헬레네가 느긋하게 앉아 있는 왕좌 앞에 거대한 박쥐를 탄 공작 부인이 분노에 치를 떨며 등장하자 사랑스러운 청년들은 겁에 질려 재빨리 백조에 올라타고 달아난다. 공작 부인이 파우스트와 헬레네에게 격렬한 비난을 퍼붓고 그들을 위협한다. 이 모든 광경을 보며 내심으로 쾌재를 부르던 메피스토펠라가 다시 바쿠스 춤을 추기 시작한다. 헬레네의 시녀들 역시 춤에 합류한다. 환희를 구가하는 그들의 합창은 조롱하듯 공작 부인의 분노와 강렬한 대조를 이룬다. 분노를 참을 수 없는 공작 부인은 마법 지팡이를 흔든다. 끔찍한 마법의 주문이라도 외우는 것 같다. 하늘이 갑자기 어두워지고 천둥 번개가 치며 바다가 폭풍우처럼 치솟는다. 섬 전체의 모든 사물과 사람에게 끔찍한 변화가 일어난다. 나무는 앙상하게 말라비틀어지고, 사원

* 큐피드 : 로마 신화에 등장하는 사랑과 욕망의 신으로, 주로 날개가 달린 동신(童神)으로 그려진다.

은 무너져 폐허가 된다. 조각상들 역시 부서져 땅에 팽개쳐진다. 헬레네 여왕은 거의 살점이 뜯겨 나간 시체처럼 파우스트 옆에 놓인 흰 천에 앉아 있다. 춤추는 여인들 역시 뼈만 남은 유령이 되고, 흔히 사람들이 라미아*를 묘사할 때처럼 머리 위로 드리워진 하얀 천이 가느다란 허리까지 늘어져 있다. 그런데 그들은 경쾌한 리듬의 원무를 계속 춘다. 아무 일도 없었던 것처럼. 모습이 완전히 변했다는 것을 알지 못하는 것처럼. 그러나 질투심에 사로잡힌 마녀의 복수로 행복이 산산조각 나자, 파우스트는 몹시 화가 났다. 왕좌에서 일어난 그는 칼을 공작 부인의 가슴에 깊이 찔러 넣는다.

마법의 말 두 마리를 데려온 메피스토펠라가 두려움에 떠는 파우스트에게 빨리 일어나라고 재촉한 뒤 그와 함께 하늘로 날아 달아난다. 그사이 수면이 점점 더 높아진 바다는 천천히 사람들과 기념물을 집어삼킨다. 춤추는 라미

* 라미아 : 그리스 신화에 등장하며 어린이의 피를 빨아먹는 괴물이다.

아들만 그것을 알지 못하는 듯, 그들은 마지막 순간까지 경쾌한 탬버린 소리에 맞추어 춤을 춘다. 그렇게 파도가 그들의 머리까지 밀려오고 섬 전체는 완전히 물속에 가라앉는다. 폭풍우에 거센 파도가 치는 바다 위 높은 하늘에서 검은 말을 타고 도망치는 파우스트와 메피스토펠라가 보인다.

제5막

고딕 양식의 문이 있는 대성당 앞 광장. 양옆으로 섬세하게 다듬어진 보리수나무들이 서 있다. 나무 아래 왼쪽 16세기 네덜란드풍의 옷을 입은 시민들이 즐겁게 술을 마시며 잔치를 벌이고, 근처에 있는 궁수들이 높은 기둥에 앉은 새를 향해 화살을 쏘고 있다. 시장처럼 어수선하고 소란스러운 곳이다. 작은 가설 무대, 악사, 인형극, 어릿광대, 흥겨운 사람들이 보인다. 무대 중앙에는 고위층 사람들이 춤을 추는 풀밭이 있다.

화살에 맞은 새가 떨어지고 사격왕은 승리의 행진을 벌인다. 비대한 맥주 양조업자 모습 그대로다. 자랑스럽게 걸어가는 그는 엄청난 크기의 왕관을 썼다. 왕관에는 여러 개의 종이 달려 있고, 배와 등에는 금박의 커다란 방패가 걸려 있다. 고수와 피리 부는 사람이 그의 앞에서 행진하고, 짧은 다리의 기수도 안간힘을 쓰며 거대한 깃발을 들고 우스꽝스럽게 뒤를 따른다. 이어 사격 모임 사람들이 위엄 있는 모습으로 그의 뒤를 쫓는다. 보리수나무 아래 어린 딸과 함께 앉은 뚱뚱한 체구의 시장과 부인 앞을 지나가며 깃발이 정중하게 고개를 숙인다. 모두가 인사에 답례하고, 네덜란드 학교 출신의 어린 딸이 사격왕에게 명예의 잔을 바친다.

울려 퍼지는 나팔 소리, 두 마리의 검은 말이 끄는 나뭇잎으로 장식된 수레에 학식 높은 파우스트 박사가 진홍색과 황금색으로 장식된 돌팔이 의사 가운을 입고 앉아 있다. 메피스토펠라는 수레 앞에서 말을 몰고 있는데, 그 역시 리본과 깃털을 단 화려하고 요란한 복장 차림이며 사람들을 불러 모으기 위해 손에 든 큰 나팔을 불거나 춤을 춘다. 군중이 수레 주위로 몰려든다. 기적을 일으키는 방랑 의사가 현금을 받고 온갖 물약과 혼합물을 나눠 준다. 검사받기 위해 소변을 큰 병에 담아 가져온 이들도 있다. 파우스트는 어떤 사람의 이를 뽑는다. 불치병을 앓는 환자는 치료를 받아 기적적으로 건강을 회복하고 기뻐 춤을 춘다. 마침내 파우스트가 수레에서 내려와 둘러선 군중에게 유리병을 나눠주는데, 그 약을 받은 사람은 몇 방울만 마셔도 모든 질병에서 해방되고 춤추고 싶은 욕망에 사로잡히게 된다. 물약을 삼킨 사격왕은 마법의 힘을 느낀다. 그는 메피스토펠라를 붙잡고 파 드 되를 춘다. 물약은 연로

한 시장과 그의 부인에게도 효과를 발휘한다. 두 사람은 할아버지 춤*을 절뚝거리며 춘다. 모든 사람이 미친 듯이 빙빙 돌고 있는 동안 파우스트는 시장 딸에게 접근한다. 그녀의 순수한 자연스러움과 품위, 그리고 아름다움에 매료된 것이다. 그는 그녀에게 사랑을 고백하고 애수에 젖은 표정과 부끄럼을 타는 듯한 몸짓으로 교회를 가리키며 그녀의 손을 청한다. 숨을 헐떡이며 다시 의자에 앉은 그녀의 부모에게도 그는 허락을 구한다. 그들이 허락하자, 순진한 미인도 부끄러워하며 그의 제안을 받아들인다. 그녀와 파우스트는 이제 신랑과 신부가 되어 꽃다발로 꾸며지고 점잖은 시민 사회에서 불리는 찬송가에 맞추어 춤을 춘다. 박사는 마침내 검소하고 달콤하며 조용한 삶을 영위하는 가정의 행복을 발견한 것이다. 교만한 정신의 의심과 몽상적인 고통의 쾌락은 기억에서 사라지고 교회 탑의 황금 수탉처럼 그의 내면은 행복으로 가득 찬다.

* 할아버지 춤 : 17세기 독일 작센 지역의 전통 민속춤이다.

그런데 신랑과 신부의 화려한 행렬이 교회로 걸음을 옮기던 중 갑자기 메피스토펠라가 신랑 앞에 나타난다. 천국의 행복을 만끽하던 파우스트는 그의 조롱에 기분이 상한다. 즉시 따라오라고 명령하는 그녀에게 파우스트는 분노를 터뜨리며 저항하고 주위에 있는 사람들 역시 당황한다. 아울러 메피스토펠라가 주문을 외워 사방을 어둡게 만들고 끔찍한 뇌우가 치도록 만들자, 그들은 더욱 놀란다. 사람들은 두려움에 질려 근처 교회로 피신하고, 교회에서는 종이 울리며 오르간 소리가 울려 퍼지기 시작한다. 땅을 울리며 웅장하고 경건하게 포효하는 진동은 번개와 천둥소리로 아수라장이 된 지옥 광경과 대비를 이룬다. 파우스트도 다른 이들처럼 교회 안으로 도망치려 하지만, 땅에서 솟아난 크고 검은 손이 그를 꽉 붙잡고, 메피스토펠라는 악의에 찬 승리의 표정으로 박사가 피로써 서명했던 양피지를 꺼내 그에게 보여 준다. 계약 기간이 만료되고 몸과 영혼은 이제 지옥의 차지라는 내용이다. 파우스트는 온갖 이유를 대며 그 사실을 부정하지만 소용없다. 애원하고 비탄에 빠져 탄식해 보지만 이미 늦었다. 악마 메피스토펠라는 온갖 조롱을 그에게 늘어놓으며 덩실덩실 춤을 춘다. 이윽고 땅이 열린다. 그리고 흉측한 모습의 괴물들이 나타난다. 왕관을 쓰고 홀을 손에 든 지옥의 왕들이다. 원을 그리듯 춤추는 그들도 가련한 파우스트를 조롱한다. 끔찍한 뱀으로 변한 메피스토펠라가 사납게 파우스트의 목을 휘감고 조른다. 파우스트는 죽음을 맞이한다. 불꽃이 타오르는 가운데 온 무리가 땅속으로 가라앉는다. 울려 퍼지는 성당의 종소리와 오르간 소리가 경건하게 기도를 바치라고 재촉할 뿐이다.

왕비 폐하 극장 총감독
럼리 에스콰이어*께 드리는 편지

존경하는 총감독님!

저는 이런 생각을 했습니다. 위대한 볼프강 괴테가 이미 그의 걸작에서 다루었던 이야기인데 제가 그걸 발레 대본의 소재로 삼아도 좋을까. 선뜻 결정을 내리기가 어려웠다는 겁니다. 같은 표현 수단으로 그런 시인과 경쟁하는 것만으로도 이미 매우 위험하다고 할 수 있을 텐데, 서로 다른 무기를 가지고 경기장에서 겨룬다면, 그건 더욱더 위험한 시도가 될 테니까요! 실제로 괴테는 자기 생각을 표현하기 위해 언어에 내재한 모든 무기를 쓸 수 있었습니다. 이를테면 깊은 사색의 의미를 지닌 독특한 단어와 감성계에서 울려 퍼지는 고대의 자연스러운 울림 같은 독일

* 에스콰이어 : 영국에서 기사 아래의 사회적 지위가 높은 남성을 높여 부르는 경칭이다.

어의 모든 보물을 자유롭게 구사했던 것이죠. 그러면서 오래전에 사라진 마법의 주문이 괴테가 쓴 시의 운율 안에서 메아리가 되어 울려 퍼지고 독자의 상상력을 자극했던 것입니다! 그것에 비교할 때, 제가 생각하고 느낀 걸 표현하기 위해 쓴 수단은 빈약합니다! 제가 쓴 대본은 무희들이 어떻게 행동하고 음악과 장식은 어떠해야 한다는 것을 간략하게 보여 줄 뿐입니다! 그런데도 저는 이 발레 형식으로 젊은 시절 앞서 이 소재를 선택한 위대한 볼프강 괴테와 경쟁하고자 했던 것이죠. 그런데 괴테는 이 소재를 긴 세월 동안, 그리고 활짝 핀 꽃 속에서 신성하게 삶을 영위하며 다루었던 반면, 고통에 시달린 저에게 부여된 시간은 고작 4주, 친구여, 그 짧은 시간 동안 저는 완성된 작품을 당신에게 전달해야만 했죠.

불행하게도 나는 표현 수단의 한계를 뛰어넘지 못했습니다. 그러나 저는 용기 있는 사람이라면 할 수 있는 것을 해냈고, 적어도 괴테가 결코 자랑할 수 없을 그런 업적을 쌓으려 노력했습니다. 파우스트를 문학적으로 다루면서 사람들은 실제의 전설 내용을 충실하게 따르고 진정한 정신에 대한 경의라든지 내적 영혼에 대해 경건한 태도를 보이지 않았습니다. 18세기의 회의론자(괴테 역시 그의 축복받은 생애 마지막 순간까지 그런 회의론자에 머물렀죠)

는 이러한 경건함을 느낄 수도, 이해할 수도 없었다는 겁니다! 이러한 점에서 그는 미적으로도 비난받아 마땅한 자의성을 남발했으며, 궁극적으로 시인에게 복수하는 그러한 결과를 낳은 것입니다. 그렇습니다. 그의 시에 나타난 결함은 바로 이러한 잘못을 저지른 것에서 비롯되었습니다. 전설이 독일 민족의 의식 안에서 살아 숨 쉴 수 있었던 바로 그 경건한 조화성을 소홀히 했기 때문에 괴테는 새롭게 고안된 불신앙적 구조의 작품을 완성할 수 없었던 것입니다. 사람들이 40년 후에 나온 빈약한 〈파우스트〉 제2부를 작품 전체의 완성체로 간주할 생각이 없었다면, 결코 그의 작품은 완성되지 못했을 것입니다. 괴테는 제2부에서 마법사를 악마의 발톱에서 구했습니다.* 그를 지옥으로 보내지 않고 춤추는 천사들, 그리고 가톨릭교에 자주 등장하는 날개 달린 큐피드와 함께 승리의 기쁨을 누리며 천국에 들어가도록 만들었습니다. 그러면서 우리 조상들에게 소름 돋는 두려움을 안겨 준 악마와 맺은 끔찍한

* 괴테의 〈파우스트〉 제2부 끝에서 파우스트 박사는 천사와 그레트헨의 헌신적인 사랑의 힘으로 승천하여 구원받는다.

동맹이 경박한 희극으로 끝나 버렸죠. 발레처럼 말입니다.

제 발레 대본은 파우스트 박사에 관한 옛 전설의 본질을 담고 있습니다. 말하자면 주요 요소들을 극적인 전체로 연결하면서 저는 세세한 것까지 충실하게 기존 전통을 따랐습니다. 시장에서 판매하는 민중들을 위한 책에서 처음으로 발견하고 어린 시절 인형극에서도 보았던 그런 것들입니다.

그런데 언급했던 민중본의 내용은 모두 같지 않습니다. 대다수는 파우스트를 다룬 두 개의 오래된 주요 작품에서 임의로 선택되어 짜맞추어진 것이죠. 소위 《지옥을 소환하는 파우스트의 주문서》와 함께 전설의 주요 출처로 여겨지는 그런 것들입니다. 그런데 이 책들은 매우 중요한 것이어서 당신에게 더 구체적으로 설명하지 않을 수 없군요. 파우스트를 다룬 책 중 가장 오래된 것은 1587년 프랑크푸르트의 요한 슈피스가 쓴 것입니다. 물론 책의 헌사에서 원고를 슈파이어*에 사는 친구들로부터 받았다고 밝히고 있지만, 그는 이 책을 인쇄했을 뿐만 아니라 직접 쓴 사람이었습니다. 이 책은 게오르크 루돌프 비트만이 쓴 책, 즉 1599년 함부르크에서 출판된 책보다 훨씬 더 시적이고 심오하며 상징적인 내용을 담고 있습니다. 후자의 책에는 아마도 설교에 가까운 성찰과 엄숙한 내용의 학문적 지식이 스며들어 있기에 더 널리 유포되었을 겁니다. 그래서 더 훌륭하다고 할 수 있는 책이 이런 이유로 뒤로 밀려나고 망각 속에 묻히게 된 것이죠. 이 두 책은 모두 악마와의 동맹 관계를 경고합니다. 즉 매우 경건한 의도를 지니고 있다는 것입니다. 파우스트 전설의 세 번째 주요 출처인 소위 《지옥의 구속》은 유령을 부르는 주문서라고 할 수 있는데, 일부는 라틴어로, 또한 일부는 독일어로 작성된 이 책을 파우스트 박사가 직접 썼다는 말도 있습니다. 책들의 내용 역시 기묘하게 서로 다르고 다양한 제목으로 널리 유포되고 있습니다. 《지옥의 구속》 중 가장 유명한 것은 바다의 정령입니다. 정령의 이름을 부를 때면 두려워서 목소리가 떨렸다는데, 그래서인지 원고는 쇠사슬로 묶여 수도원 도서관에 보관되어 있었다고 합니다. 그러다가 이 책이 1692년 암스테르담의 콜슈테그에 있는 홀베크의 경솔한 실수로 인쇄되고 말았죠.

* 슈파이어(Speier 또는 Speyer) : 독일 남서부의 라인란트팔츠에 있는 대학 도시이며 독일에서 가장 오래된 도시 중 하나다.

위에서 언급했던 출처에서 유래한 민중본에서는 종종 파우스트 박사의 조교인 크리스토프 바그너에 관한 주목할 만한 이야기도 등장합니다. 그의 모험과 익살스러운 행동은 유명한 스승의 영향 때문이라고 합니다. 스페인어로 작성된 원본을 바탕으로 1594년에 책을 낸 사람의 이름은 쇼투스 톨레트*입니다. 만일 이 작품이 실제로 스페인어로 쓴 책의 번역본이라고 한다면－저는 그렇게 생각하지 않지만－파우스트 전설과 돈 후안 전설 사이의 놀라운 유사성을 말해 주는 단서의 흔적이 여기에 있는 것이죠.

실제로 파우스트가 존재했다는 것인가요? 사람들은 기적을 일으키는 사람이라도 되는 듯 파우스트를 단순히 신화 같은 존재로 말하곤 하죠. 그런데 그렇지 않고 훨씬 좋지 않은 때도 있었습니다. 불행한 폴란드인들은 그를 고향 사람이라 말하며 현재도 트바도릅스키라는 이름으로

* 쇼투스 톨레트(Friedrich Schotus Tolet) : 1712년에 《크리스토프 바그너, 파우스트의 조교(Christoph Wagner, Fausts Famulus)》를 출간했다.

널리 알려져 있다고 주장합니다. 그에 대한 최근 정보에 따르면, 또한 매우 주목할 만한 일이지만, 파우스트가 자유 학문으로 인정받고 공개적으로 가르쳐지는 마술을 크라카우대학에서 공부했다는 사실입니다. 폴란드인들이 위대한 마법사라는 점은 사실이긴 합니다. 물론 오늘날에는 그렇지 않죠. 그러나 우리 요하네스 파우스트 박사는 근본적으로 정직하고 진실하며 지독할 정도로 순진한 사람이었습니다. 사물의 본질을 탐구하려는 욕망이 채워지지 않아 괴로워하고 감각에 대한 학문적 지식이 깊은 사람이라는 점에서 그는 우화적 존재이거나, 아니면 독일인일 수밖에 없습니다. 그가 실제로 존재했다는 점에 관해서는 의심할 여지가 없습니다. 마녀술에 관한 유명한 책을 썼던 요하네스 비에루스*와 같은 신뢰할 만한 사람들이 그것을 증명합니다. 루터의 전우라고 할 수 있는 필리프 멜란히톤*과 비밀을 다룬 위대한 학자이자 수도원장인 트

* 요하네스 비에루스(Johannes Wierus, 1515~1588) : 네덜란드의 개신교 의사이자 악마의 존재를 다룬 학자다.

* 필리프 멜란히톤(Philip Melanchiton, 1497~1560) : 독일의 신학자

리트하임*도 있습니다. 특히 트리트하임은, 어쩌면 질투심에서 비롯된 것일지 모르지만, 파우스트를 폄하하고 시장에서 큰 소리로 떠드는 사람 정도로 묘사하려 했죠. 비에루스와 멜란히톤의 증언에 따르면, 파우스트는 슈바벤의 작은 도시에서 태어났다고 합니다. 그런데 여기서 잠깐 언급해도 좋다면, 위에서 말했던 파우스트에 관한 책들은 그의 출생지에 관해 서로 다르게 설명하고 있습니다. 옛 프랑크푸르트판에 따르면, 그는 바이마르 근처 로드라고 하는 곳에서 농부의 아들로 태어났다고 하고, 비트만의 함부르크판에서는 파우스트가 안할트 백작 가문 사람이며, 농부 출신의 독실한 사람들인 그의 조상은 졸트베델이라는 국경 지방에서 살았다고 적혀 있습니다.

훌륭하고 명예로운 촌충 박사 칼모니우스에 대한 회고록에서 저는 실제로 존재한 파우스트가 신과 세상을 위험에 빠뜨린 시장 선동가이자 불한당인 바로 그 사벨리쿠

이자 종교 개혁가다.

* 요하네스 트리트하임(Johannes Trittheim, 1462~1516) : 독일 베네딕토회 수도원장이자 신학자다.

스*라고 묘사한 트리트하임 수도원장의 말이 사실이라는 단서를 찾았습니다. 사벨리쿠스가 트리트하임 수도원장에게 보낸 명함에서 자신을 파우스트 주니어로 소개했기 때문이죠. 그래서 작가들이 파우스트라는 이름의 더 나이를 먹은 마법사가 있을 거로 생각한 겁니다. 그러나 주니어라는 별칭은 파우스트에게 당시 살아 있는 아버지 또는 형이 있었다는 걸 의미할 뿐 중요한 의미는 없다고 하겠습니다. 예컨대 칼모니우스에게 제가 주니어라는 별명을 지어 준다고 한다면, 그것은 지난 세기 중반에 살았던 나이가 더 든 칼모니우스를 의미하는 것이 될 테고, 마찬가지로 그가 프리드리히 대왕*과의 친분을 자랑하는 것에서 알 수 있듯이 터무니없는 허풍쟁이이자 거짓말쟁이였을지도 모른다는 말이 됩니다. 어느 날 아침 대왕이

* 게오르기우스 사벨리쿠스(Georgius Sabellicus) : 15세기 말 전설적 인물인 파우스트와 동시대에 살았던 강령술사다.

* 프리드리히 대왕(Friedrich der Große, 1712~1786) : 프로이센 왕국의 제3대 국왕인 프리드리히 2세를 말한다. 합리주의에 근거해 국가를 운영한 계몽 군주로서 프로이센의 국력을 크게 신장시켜 대왕이라는 칭호를 얻었다.

부대를 이끌고 그의 집을 지나가다 창문 앞에 멈춰 서서 다음과 같이 말했다는 이야기를 그는 종종 했거든요.

"잘 있게, 칼모니우스. 나는 7년 전쟁*에 나가게 되었네. 건강한 자네의 모습을 다시 보기를 바라네!"

널리 알려진 오해이기도 하지만, 인쇄기를 발명한 사람과 우리의 마술사가 같은 인물이라는 말이 있습니다. 이런 오해는 매우 심각하지만, 동시에 심오한 의미를 담고 있습니다. 사람들이 두 인물을 같은 인물로 보는 이유는 가장 끔찍한 전파 수단인 인쇄기 발명에서 바로 마술사의 사고방식을 발견했기 때문이죠. 그러나 그것은 중세의 맹목적인 신앙고백, 즉 하늘과 땅의 모든 권위에 대한 믿음, 교회가 무릎을 꿇고 숯불을 피우는 사람들에게 설교하듯이 세속의 단념에 대한 하늘의 보상을 믿는 것과 정반대의 사고방식입니다. 파우스트는 불경스러운 이성을 활용하여 성스러운 신앙에 도전하려 했던 사람입니다. 그는 더

* 7년 전쟁 : 1756년부터 1763년까지 오스트리아 왕위 계승 문제로 시작되어 식민지(인도와 북아메리카)와 유럽 내 주도권 확보를 위해 프로이센, 오스트리아, 영국, 프랑스 등의 유럽 열강들이 벌인 전쟁이다.

는 어둠 속을 더듬고 굶주린 배를 붙잡으며 길을 배회하려 하지 않았습니다. 그는 과학을 추구하고 세속적 권력과 현세의 쾌락을 갈망했습니다. 그는 지식과 능력, 그리고 쾌락을 원했고 신으로부터 멀어졌습니다. 천상의 행복을 단념하고 악마와 세속적 영광에 경의를 표한 겁니다. 이런 반란 행위와 완고한 신조를 매우 신비로운 방법으로, 그리고 강력하게 지지하고 도와주며 추후 고등 교육을 받은 사람뿐만 아니라 대중의 마음조차 사로잡은 것이 있었으니, 그게 바로 인쇄술입니다. 어쩌면 요하네스 파우스트의 전설이 우리 동시대인들에게까지 신비롭게 느껴지는 것도 같은 이유일 것입니다. 왜냐하면 그들이 현재 싸우고 있는 투쟁, 이를테면 종교와 과학, 권위와 이성, 신앙과 사고, 겸허한 체념의 자세와 천박한 쾌락주의 사이의 투쟁이 파우스트 전설 안에서 너무나 단순하고 이해가 잘 되도록 묘사되었기 때문입니다. 그 투쟁은 악마가 우리를 데려갈지도 모르는 죽음의 투쟁으로 부를 수 있을 겁니다. 악마가 안할트 지역 또는 슈바벤의 쿤들링겐 출신의 박사를 데려갔듯이 말입니다.

그렇습니다. 우리의 마술사는 전설에서 종종 최초의 인쇄업자와 같은 인물로 볼 수 있습니다. 인형극에서 이러한 현상이 두드러지는데, 특히 마인츠에서 우리는 이런 모습의 파우스트를 늘 만날 수 있죠. 반면에 민중본은 비텐베르크를 파우스트의 고향으로 말합니다. 파우스트의 거주지인 비텐베르크가 개신교의 탄생지이자 실험실이라는 점은 매우 중요한 의미를 지닌 것이죠.

방금 언급한 인형극은 인쇄본으로 출판된 적이 없고, 최근에야 비로소 제 친구 중 한 명이 필사본을 참고하여 책으로 만들었죠. 이 친구의 이름은 카를 짐로크*라고 합니다. 저와 함께 본대학에서 슐레겔*의 독일 고고학과 운율학 강의를 들었고, 역시 저와 함께 좋은 라인 포도주를 마셨으며, 그러면서 보조학문*에서 그의 실력이 향상되었죠. 바로 이것이 옛 인형극의 출판에 유용하게 쓰였던

* 카를 짐로크(Karl Simrock, 1802~1876) : 《니벨룽겐의 노래》를 번역한 것으로도 유명한 독일의 시인이자 작가다.

* 아우구스트 빌헬름 슐레겔(August Wilhelm Schlegel, 1767~1845) : 형제인 프리드리히 슐레겔(Friedrich Schlegel)과 더불어 낭만주의 문학 발전에 큰 영향을 끼쳤던 독일의 시인이자 비평가다. 셰익스피어의 작품을 번역한 번역가로도 잘 알려졌다.

* 보조학문 : 신학, 역사학 등의 학문 연구에 필요한 자료나 방법론을 제공하는 역할을 하는 학문 분야를 말한다.

것입니다. 그는 재치를 발휘하여 잃어버린 구절을 복원하고, 현재 남아 있는 변형된 구절을 찾아 선택했습니다. 그가 파우스트 전설에 등장하는 희극적인 인물들을 다룬 방식은, 아마도 본대학의 슐레겔 강의를 들으며 배웠을 것이 분명한데, 그를 독일 광대들에 관한 최고 연구자로 증명하고도 남을 것입니다. 그 책에서 파우스트가 책들로 뒤덮인 연구실에 혼자 앉아 다음과 같은 독백을 하는 처음 부분은 매우 멋집니다.

"이제까지 학식을 쌓는 데 내 삶을 쏟았건만,
모두가 나를 비웃는구나.
처음부터 끝까지 책을 샅샅이 뒤져 보아도
현자의 기념비를 발견할 수 없다니.
법학, 의학, 모두 헛되도다,
강신술만이 나에게 구원의 손길을 내미는구나.
신학 연구가 어떤 도움이 되었더냐?
잠 못 이루고 지샌 밤들은 누가 보상해 주는가?
온전한 옷 한 벌 걸치지 못하고
빚더미에 앉은 나의 몸은 어디에 두어야 하느냐.
지옥과 동맹을 맺어야만 한다.
그래야 자연의 숨겨진 의미를 찾으리라.

그런데 주문을 외워 정령들을 부르려면,
마법을 먼저 알아야 한다."

이어지는 다음 장면은 훌륭한 비극에서 발견할 수 있는 매우 시적이고 심오한 모티프를 담고 있는데, 그것은 실제로 위대한 극예술 작품들에서 따온 것입니다. 우선은 말로의 〈파우스트〉를 꼽을 수 있습니다. 짐로크의 인형극은 내용뿐만 아니라 형식까지도 이 작품을 모방한 것이 분명합니다. 같은 주제를 다룬 동시대의 다른 영국 작가들에게도 모범이 되었을지 모를 말로의 〈파우스트〉에 등장하는 여러 대목이 다시 인형극 안으로 들어온 셈이죠. 아마도 영국의 〈파우스트〉는 나중에 독일어로 번역되고 셰익스피어의 명작들을 독일 무대에서 연기한 영국 희극 배우들에 의해 공연되었을 것이며, 또한 영국 희극협회의 인기 작품만이 우리에게 일시적으로 전해졌을 뿐, 출판되지 않은 작품들은 분실되거나 아니면 외진 곳의 극장이나 저급한 수준의 유랑극단에 의해 보존되었을 것입니다. 저도 두 번 정도 그런 예술 방랑자들의 〈파우스트의 삶〉 공연을 본 기억이 납니다. 제가 본 것 역시 현대 작가에 의해 새롭게 쓰인 작품이 아니라 매우 오래되고 기억에서 사라진 연극 작품의 일부였을 것입니다. 저는 25년 전 함부르크 베르게*와 알토나* 사이에 있는 어느 작은 무명 극장에서 이 연극을 처음 보았습니다. 악마들 모두 회색 천을 두르고 무대에 등장했던 게 기억납니다.

"너희는 남자냐, 여자냐?"

파우스트가 그들에게 이렇게 물어보자,

"우리에겐 성별이 없어요."

그들이 대답했죠. 그러자 파우스트가 회색 천 아래 감추어져 있는 그들의 실제 모습에 대해 다시 물었는데, 그들은 이렇게 대답했습니다.

"우리에겐 형태 같은 건 존재하지 않아요. 당신이 보길 원하는 모습에 맞추어 우리는 마음대로 모습을 바꿀 수 있죠. 당신 생각대로 우리는 보일 수 있다는 겁니다."

만물에 관한 지식과 향락을 보장하는 내용의 계약을 맺은 후 파우스트는 가장 먼저 천국과 지옥의 본질에 관해 물어보고 답을 얻습니다. 이어 그는 천국은 너무 시원하

* 함부르크 베르게 : 독일 함부르크의 남쪽에 있는 낮은 능선이다.

* 알토나 : 독일 함부르크의 서쪽에 있는 지역의 이름이다.

고 지옥은 너무 뜨거울 것이기 때문에 지구의 기후가 가장 견딜 만하다고 말합니다. 또한 그는 마법 반지로 이 세상에서 가장 아름다운 여인들을 얻었습니다. 반지는 그에게 혈기 넘치는 젊음과 아름다움, 그리고 우아함과 멋진 기사 옷을 만들어 주었습니다. 그리고 오랫동안 향연과 방탕한 삶을 누린 후 베네치아에서 가장 유명한 제후의 정부인 루크레치아 부인과 연인 관계를 지속하던 그는 갑자기 그녀를 배신하고 아테네로 떠났으며, 그곳에서 공작의 딸과 사랑에 빠져 결혼하려 하죠. 절망한 루크레치아는 배신자에게 복수하기 위해 지옥의 악마들에게 도움을 청했고, 악마는 파우스트의 모든 영광은 바로 검지에 끼고 있는 반지 때문이라는 걸 알려 줍니다. 루크레치아 부인은 순례객 복장을 하고 아테네로 떠나 그곳의 궁정에 도착합니다. 마침 파우스트는 결혼 예복 차림으로 아름다운 공작의 딸을 제단으로 인도하고 있었죠. 천으로 몸을 감춘 순례객, 즉 복수심에 불타는 여인이 재빨리 신랑의 손가락에서 반지를 뺍니다. 그러자 파우스트의 젊은 모습이 갑자기 주름투성이에다가 이 빠진 흉측한 노인의 모습으로 바뀌기 시작합니다. 황금빛의 풍성한 곱슬머리 대신 몇 가닥 남은 은색 머리카락만이 볼품없는 머리뼈 주위에서 흩날리죠. 바짝 마른 잎사귀처럼 구부러지고 떨리는 몸에서 불꽃 튀듯 반짝이고 보랏빛으로 휘황찬란하던 과거의 모습은 사라지고, 그는 이제 초라한 누더기만 걸치고 있습니다. 그러나 마법이 풀린 파우스트는 자신이 변했다는 사실을, 또는 그것보다는, 그의 몸과 옷이 지난 20년 동안 고통받았던 진정한 파탄의 모습을 드러내고 있다는 사실을 모릅니다. 그동안 지옥의 기만으로 멋지게 꾸며진 거짓 모습이 사람들의 눈을 속인 것이죠. 파우스트는 사람들이 혐오감을 느끼며 그를 피하는 이유를 모릅니다.

"이 늙은 거지를 치워라!"

또한 공주가 소리치는 것을 이해하지 못합니다. 그때 천으로 모습을 감춘 루크레치아가 그의 불행에 쾌재를 부르며 파우스트에게 거울을 들이댑니다. 거울을 통해 자신의 진짜 모습을 발견하고 부끄러움을 이기지 못한 그는 무례한 하인과 함께 비루먹은 개처럼 문밖으로 쫓겨납니다.

저는 위에서 언급했던 또 다른 〈파우스트〉 연극을 하노버의 어느 말 시장에서 보았습니다. 넓은 초원에 세워진 작은 극장이었죠. 대낮에 열린 공연인데도 악마를 불러내는 장면은 충분히 소름 끼쳤습니다. 악마의 이름은 메피스토펠레스가 아닌 아스타로트였습니다. 그 이름은 원래 아스타르테라는 이름과 같았을 것입니다. 마법사들의 기록을 살펴보면 후자의 이름이 아스타로트의 아내라는 걸 알 수 있습니다. 아스타르테의 머리에는 두 개의 뿔이 솟아 있는데, 그녀는 실제로 페니키아에서 달의 여신으로 숭배받고, 유대인들에 의해 이웃 민족의 다른 신들과 마찬가지로 악마로 취급되었습니다. 그런데 현자 솔로몬왕은 그녀를 비밀리에 숭배했고, 바이런은 〈맨프레드〉*라고 이름을 붙였던 그의 작품에서 그녀를 찬양했습니다. 파우스트가 유혹당하는 내용을 다룬 짐로크의 인형극 제목 역시 〈아스타르테 마법의 열쇠〉*입니다.

제가 말하려는 작품에서 파우스트는 악마를 주문으로 소환하기 전에 자신의 처지를 돌아보며 한탄하죠. 너무 가난해서 늘 걸어 다녀야만 하고 소몰이 소녀조차 입맞춤해 주지 않는다고 말입니다. 주문으로 불러낸 악마는 처음에는 돼지, 소, 원숭이 등 다양한 동물의 모습으로 나타납니다. 그런데 파우스트는 다음과 같이 말하며 악마를 거부합니다.

* 〈맨프레드(Manfred)〉 : 영국의 시인이자 극작가 바이런(George Gordon Byron, 1788～1824)이 1816년경 쓴 시극이다.

* 라틴어 원문은 "Clavis Astarte Magiae"다.

"나를 더 공포에 떨게 만들려면, 더 흉측한 모습을 해야만 해."

악마는 즉시 '누구를 잡아먹을지 먹잇감을 찾는'* 사자의 모습으로 바뀝니다. 그래도 용감한 마술사를 무섭게 만들기에는 부족합니다. 겁먹은 듯 다리 사이에 꼬리를 감추고 무대 뒤로 물러난 사자가 이번에는 거대한 뱀으로 다시 나타납니다. 파우스트가 말합니다.

"아직도 끔찍하고 무섭지 않아."

악마는 수치스럽다는 표정을 지으며 도망갑니다. 다시 나타난 그의 모습은 이제 사람입니다. 아름다운 체격과 붉은 망토를 두른 남자의 모습으로 말입니다. 파우스트가 놀라워하자 붉은 망토를 입은 자가 이렇게 말합니다.

"인간보다 더 끔찍하고 무시무시한 존재는 없답니다. 으르렁거리고, 포효하고, 울부짖고, 쉿쉿 소리를 내는, 말하자면 모든 동물의 소리를 흉내 내는 존재가 바로 인간이죠. 돼지처럼 지저분하고, 황소처럼 잔인하며, 원숭이처

* 라틴어 원문은 "quaerens quem devoret"다.

럼 우스꽝스럽고, 사자처럼 사나우며, 뱀처럼 독을 품은, 이렇게 모든 동물의 특성을 모아 놓은 존재가 바로 사람인 겁니다."

늙은 희극 배우의 긴 대사와 현대 자연 철학의 주요 명제 중 하나가, 특히 오켄*이 발전시킨 내용이 희한하게 일치한다는 사실이 저를 적잖이 놀라게 했죠. 악마와 계약을 체결한 후 아스타로트는 파우스트에게 여러 아름다운 여인을 추천하며 칭찬합니다. 그중에는 유디트*도 있는데, 파우스트는 말하죠.

"나는 머리를 자르는 여자는 원하지 않아!"

"그럼, 클레오파트라를 원하세요?"

악마가 물어봅니다. 그러자 파우스트가 대답합니다.

* 로렌츠 오켄(Lorenz Oken, 1779~1851) : 독일의 자연 철학자이자 박물학자다.

* 유디트 : 《구약 외경》에 등장하는 인물로 미인계를 써서 아시리아의 장군 홀로페르네스에게 접근해 그의 목을 베고 예루살렘의 유대인들을 구한 영웅이다. 아름답지만 잔혹한 이중적 특성으로 인해 유디트는 많은 예술가에게 영감을 주었다. 미술에서는 루벤스와 클림트, 문학에서는 헤벨, 음악에서는 비발디가 대표적 사례다.

"그녀도 원하지 않아. 낭비벽에다가 사치스럽고 심지어 부자 안토니우스를 망친 사람이지. 진주를 삼키는 여인이야."

"그렇다면 스파르타의 아름다운 헬레네를 추천합니다. 그녀와 그리스어로 대화를 나눌 수 있을 거예요."

이렇게 말하며 악마는 냉소하듯 미소를 짓습니다. 이 제안에 박사는 몹시 기뻐합니다. 그는 멋진 몸매와 화려한 의상을 악마에게 요구합니다. 그래야만 파리스 기사와 겨루어 이길 수 있기 때문입니다. 게다가 그는 트로이로 달려갈 말도 요구합니다. 악마가 요구를 받아들이고 두 인물은 곧바로 덩치 큰 말 위에 오릅니다. 그들은 망토를 벗어 던지고 화려하게 반짝이는 영국 기병대의 옷을 입습니다. 하노버 사람들 특유의 붉은 얼굴을 한 말 장수들이 파우스트와 악마를 향해 빽빽하게 모여들고 놀라운 승마술을 선보이는 그들의 솜씨에 감탄합니다. 말 장수들은 감격한 나머지 누런색 가죽 바지를 손으로 두드렸는데, 그건 연극 공연에서 한 번도 들어 본 적이 없는 요란한 박수 소리처럼 들렸습니다. 아스타로트의 승마 솜씨는 탁월했습니다. 게다가 그의 모습은 날씬하고 아름다우며 지옥에서 가장 크고 검은 눈을 가진 소녀처럼 보였죠. 파우스트 역시 화려한 승마복 차림의 멋진 청년입니다. 그는 제가 이제껏 본 독일의 박사들보다도 말을 더 잘 타는 사람입니다. 아스타로트와 함께 무대 주위를 달리는 파우스트는 이제 트로이를, 그리고 트로이 성벽 위에 있는 아름다운 헬레네를 봅니다.

파우스트 박사 전설에 등장하는 아름다운 헬레네의 모습은 매우 중요합니다. 전설이 만들어진 시대의 특징을 알려 주고, 전설에 관한 가장 비밀스러운 통찰을 제공하기 때문입니다. 결코 시들어 사라지지 않는 우아함과 미의 이상인 그리스의 헬레네, 그녀는 어느 날 파우스트 박사의 배우자가 되어 비텐베르크에 나타납니다. 그녀는 마법의 주문으로 독일의 심장부에 홀연히 나타난 그리스이자 헬레니즘 자체입니다. 그런데 가장 강력한 마법의 주문을 담은 책은 바로 호메로스입니다. 미끼로 꾀어 파우스트와 수많은 동시대 사람을 유혹했던 위대한 주문서라고 할 수 있죠. 역사 속 인물이자 전설의 주인공 파우스트는 바로 이러한 그리스의 문화, 학문, 예술을 독일에 열정적으로 전파한 인문주의자 중 한 사람인 것입니다. 그리스 정신의 본거지는 당시 로마입니다. 고위 성직자들은 옛 신들을 숭배했고, 심지어 교황조차도 전임자였던 콘스탄티누스 황제*같이 이교도의 최고 신관이라는 직위와 기독교 교회의 수장이 갖는 위엄을 적절히 결합했습니다. 소위 부활의 시대가 바로 이때라고 하겠습니다. 더 정확히 말하자면, 고대 세계관의 재탄생이라고 말할 수 있는데, 그런 의미에서 르네상스*라는 이름으로 불러도 좋을 것입니다. 기독교는 독일보다 이탈리아에서 더 번성하고 지배 권력을 획득하는 것도 더 쉬웠죠. 독일에서는 성서가 새롭게 번역되면서 유대 정신의 부활, 즉 개신교의 르네상스로도 부를 수 있는, 우상 파괴적이고 광신적인 바람이 불고 있었습니다. 정말 이상한 일이 아닐 수 없습니다. 1000년 전에 그토록 치열하게 반목 상태에 있다가 중세 시기 동안 지속된 전투에 지친 듯 역사의 무대에서 홀연히 사라진 인류를 다룬 두 책, 즉 호메로스와 《성서》가 16세기 초반에 다시 대중 서가에 모습을 드러낸 것입니다. 저는 앞

* 아우렐리우스 콘스탄티누스(Flavius Valerius Aurelius Constantinus, 272~337) : 313년 박해받던 기독교를 공식 종교로 공인하고 324년에는 그의 이름을 딴 콘스탄티노플을 로마 제국의 새로운 수도로 정하며 훗날 비잔티움 제국의 터전을 마련한 황제다. 흔히 콘스탄티누스 대제로 통칭하며 동방정교회에서는 성인으로 간주한다.

* 르네상스 : 14세기부터 16세기까지 이탈리아를 중심으로 전개된 문화 부흥 운동으로서 프랑스어로 부활 또는 재생을 의미한다.

에서 유심론*적 관점에 서 있고 금욕주의를 고수하는 과거 가톨릭교에 대한 현실적이고 감각적인 삶의 향유라는 반란을 파우스트 전설의 진정한 이념이라고 언급한 적이 있습니다. 바로 그 감각적이고 현실적인 삶에 대한 욕망이 사상가들의 마음에서 어떻게 발현되었는지 저는 여기에서 다루고 싶습니다. 그들은 그리스 예술과 학문을 갑자기 접한 사람들이었습니다. 호메로스를 비롯하여 플라톤과 아리스토텔레스의 원작을 읽은 것이죠. 전해지는 말에 따르면, 책의 내용에 완전히 몰입한 파우스트는 만일 책을 분실하더라도 과거 에즈라*가 《구약성서》를 분실했을 때 그랬던 것처럼 자신의 기억에서 내용을 그대로 복원할 수 있다고 호기롭게 말했다고 합니다. 파우스트가 호메로스를 얼마나 깊이 파고들었는지는, 그가 이 시인에 관한 강의에 참여한 대학생들에게 트로이 전쟁의 영웅들을 생생하게 눈앞에서 보여 주었다는 전설에서 확인할 수 있

* 유심론 : 만물의 근원을 '정신'에서 찾으며 '정신'을 하나의 실체로 인정하는 관점을 말한다. 유물론과 반대의 관점에 있다.

* 에즈라 : 《구약성서》 〈에즈라기〉에 나오는 율법 학자다.

습니다. 또 다른 데서는 손님들을 즐겁게 하려고 훗날 악마에게 그의 욕망을 털어놓고 불행한 결말을 맞이할 때까지 소유할 수 있었던 바로 그 아름다운 헬레네를 그가 주문으로 불러냈다고 옛《파우스트》책들이 묘사하고 있습니다. 한편 비트만은 그의 책에서 이런 내용은 건너뛰고 다음과 같이 말합니다.

"나는 여기에서 기독교 독자들에게 요하네스 파우스트에 관한 이야기들을 발견했다는 사실을 숨기고 싶지 않다. 그러나 그 이야기들을 매우 염려되는 마음에서, 또한 기독교적인 이유에서 이 책에 싣고 싶지 않았다. 말하자면 이런 것들이다. 악마는 파우스트의 결혼 생활에 마침표를 찍고, 그를 혐오스러운 창녀들의 소굴로 데리고 갔으며, 지옥에서 온 헬레네는 이제 정부가 되어 파우스트에게 먼저 끔찍한 모습의 괴물을, 그리고 두 번째는 유스툼이라는 이름의 아들을 낳아 주었다."

아름다운 헬레네를 다룬 옛《파우스트》책의 다음 두 구절은 이렇게 묘사합니다.

"하얀 일요일*에 강의를 수강했던 학생들이 저녁 식사를 하기 위해 음식과 음료를 들고 갑자기 파우스트 박사의 집으로 찾아왔다. 그들은 환영받는 손님들이었다. 술이 들어가자, 식탁은 슬며시 아름다운 여인들에 관한 이야기로 시끄러워졌다. 그때 한 사람이 그리스의 아름다운 헬레네보다 더 나은 여인을 발견할 수 없을 것이라면서 그녀의 미모 때문에 아름다운 도시 트로이가 파괴되었다고 말했다. 또한 미모로 인해 그녀는 자주 추행당하고, 그런 분노의 소동*이 벌어졌을 것이라고 했다. 그렇다면 여러분이 메넬라오스의 배우자이자 틴다레우스와 레다의 딸이며, 카스토르와 폴룩스의 누이(그리스에서 가장 아름다웠다고 전해진다)인 헬레네 여왕의 아름다운 모습을 그토록 보고 싶어 하므로, 내가 그녀의 생전 모습 그대로를 직접 볼 수 있도록 해 주겠다. 황제 카를 5세*의 요청에 따라 알렉산드로스 대왕*과 그의 배우자를 보여 준 적도 과거

* 하얀 일요일 : 가톨릭교의 부활절 이후 첫 일요일로 세례 참가자들이 순결과 부활의 기쁨을 상징하는 흰옷을 입는 데서 유래했다.

* 분노의 소동 : 트로이 전쟁을 가리킨다. 트로이의 왕자 파리스가 스파르타의 왕비 헬레네를 트로이로 데려간 것에 그리스인들이 분노해서 일어난 전쟁이다.

* 카를 5세(Kaiser Karl V, 1500~1558) : 신성로마제국의 황제다.

* 알렉산드로스 대왕(Alexandros III Magnus, BC 356~BC 323) : 고대 마케도니아 왕국의 26대 왕으로 페르시아, 그리스, 이집트 등을 정복

에 있었지. 파우스트 박사는 이렇게 말하고 학생들이 쓸데없는 말을 하거나 식탁에서 일어난다든지, 또한 헬레네를 맞이하려고 어떤 무모한 행동을 취하지 말 것을 당부하며 방 밖으로 나갔다. 먼저 파우스트가, 그리고 그의 뒤에 바짝 붙어 헬레네 여왕이 들어왔다. 학생들은 그녀의 아름다움에 혼란스러운 나머지 정신을 차릴 수 없었다. 헬레네는 화려한 짙은 보라색 옷을 입고 있었다. 무릎까지 길게 늘어뜨린 그녀의 머리카락은 황금처럼 아름답고 위엄 있게 빛났으며, 그녀의 눈은 석탄처럼 검고 아름다웠다. 그녀의 얼굴은 사랑스럽고, 머리는 둥글며 작았다. 입술은 체리처럼 붉고, 입은 작았으며, 목은 백조 같았다. 붉은 장미 같은 그녀의 뺨, 아름답고 매혹적인 그녀의 얼굴, 길쭉하고 곧은 그녀의 자태. 간단히 말하자면 이렇다. 그녀에게서 비난할 것은 찾을 수 없다는 것. 뻔뻔하면서도 장난스러운 표정을 지으며 그녀가 방 안을 둘러보자, 학생들은 그녀에 대한 사랑에 불타올랐다. 그러나 그녀가 유

하여 거대한 제국을 건설했다.

령인 걸 알고 있는 그들의 열정은 쉽게 식었고 헬레네는 다시 파우스트 박사와 함께 문밖으로 나갔다. 이 모든 걸 직접 눈으로 본 학생들은 내일 다시 헬레네를 볼 수 있도록 해 달라고 파우스트 박사에게 졸랐다. 화가를 데려와서 초상화를 그리겠다는 것이다. 하지만 파우스트는 그들의 기분을 늘 맞추어 줄 수는 없다고 말하며 단칼에 그 부탁을 거절했다. 그러나 그도 헬레네를 모사한 초상화를 가지고 싶었으므로 그렇게 했다. 화가가 이곳저곳으로 그림을 그려 보낸 헬레네의 모습, 그야말로 아름답고 훌륭한 여인의 모습이었다. 그러나 누가 파우스트에게서 그 그림을 얻었는지는 아직 밝혀지지 않았다. 직접 눈으로 본 그녀의 생생한 모습 때문에 침대에 누운 학생들이 잠을 이룰 수 없었던 것은 사실이다. 이런 점에서 우리는 악마가 자주 사람들을 사랑에 빠뜨려 눈을 멀게 하고 방탕한 삶을 살게 만들며, 또한 그것에서 헤어나지 못하도록 한다는 걸 알게 된다."

옛《파우스트》책에는 이렇게 적혀 있습니다.

"어느 날 자정 무렵 육신의 욕망을 채우지 못하는 것에 절망하던 파우스트에게 하얀 일요일에 제자들에게 주문을 외워 보여 주었던 그리스 헬레네의 모습이 떠올랐다. 다음 날 아침 그는 악마에게 정부로 삼고 싶은 헬레네를 데려오라고 재촉했고, 그의 요구는 즉각 받아들여졌다. 제자들에게 보여 주었던 똑같은 키의 사랑스럽고 우아한 모습의 헬레네였다. 헬레네가 사랑을 얻기 위해 마음과 힘을 다한 파우스트의 정부가 된 것이다. 그녀가 너무나 사랑스러운 나머지 그는 한순간도 그녀에게서 떨어질 수 없었다. 시간이 흘러 헬레네는 임신하고 파우스트에게 아들을 낳아 주었다. 기쁨에 넘친 파우스트는 아들에게 유스툼 파우스트라는 이름을 지어 주었다. 이 아이는 파우스트 박사에게 세상에서 일어날 미래의 일들을 말해 주었다. 그러나 파우스트가 죽자, 어머니와 아이 역시 갑자기 사라졌다."

파우스트를 다룬 대다수 민중본은 비트만의 책에서 비롯되었기 때문에 그 안에서 다루어진 헬레네에 대한 언급은 매우 드물고, 그래서 중요성 역시 쉽게 간과될 수 있습니다. 괴테 역시 처음엔 이러한 요소들을 무시했죠. 〈파우스트〉 제1부를 썼을 당시에 그는 민중본의 내용을 잘 알고 있었습니다. 단지 인형극에서만 영감을 얻은 게 아니라는 것입니다. 그러나 그로부터 40여 년이 지난 후, 즉 〈파우스트〉 제2부를 썼을 때 그는 헬레네를 작품 속에 등장시킵니다. 그리고 실제로 그녀를 묘사하는 데 애정을 쏟아부었습니다. 제2부에서 가장 좋은, 아니 유일하게 좋은 부분이 있습니다. 우화적이고 미로처럼 복잡하고 황량한 분위기 속에서 갑자기 우아한 받침대 위에 놓인 놀라울 정도로 완벽한 그리스 조각상이 나타납니다. 조각상의 하얀 눈이 매우 이색적이면서도 매혹적으로 우리를 쳐다보는데, 그 모습이 우리를 슬픔에 젖게 만들죠. 그것은 언젠가 괴테의 작업실을 떠난 가장 고귀한 조각상입니다. 어느 노인이 그것을 만들었다고 하지만, 그걸 믿을 수는 없습니다. 이 작품은 예술적 영감에서 비롯된 상상력의 결실이라기보다는 차분하게 명상하는 가운데 빚어진 것입니다. 말하자면 상상력은 괴테에게 특별한 힘으로 나타난 적이 없었다는 거죠. 그러한 점은 그의 스승, 그리고 괴테와 유사한 기질을 가지고 있는, 거의 그와 같은 나라 사람들이라고 할 수 있는, 그리스인들도 마찬가지입니다. 그리스인들 역시, 저는 이것을 이단이라고 말하고 싶습니다만, 이런 넘치는 창조성보다는 조화를 추구하는 감각을 지녔고, 상상력보다는 구체적인 형상이나 그림으로 만드는 능력을 더 많이 가지고 있습니다. 시보다는 예술에 더 가깝다고 말할 수 있겠죠.

소중한 나의 친구여, 당신은 이제 왜 제가 아름다운 헬레네에게 제 발레 작품의 한 막 전체를 바쳤는지 앞에서 제가 넌지시 시사했던 암시를 통해 쉽게 이해하실 겁니다. 헬레네가 도착한 섬은 제가 지어낸 것이 아닙니다. 그리스인들은 그 섬을 이미 오래전에 발견했습니다. 고대 작가들, 특히 파우사니아스와 플리니우스의 주장에 따르면 그 섬은 다뉴브강 어귀의 폰투스 에우크시누스*에 있고, 아킬레우스 신전이 있었기 때문에 아킬레아로 불리며, 죽음에서 부활한 펠리데*가 트로이 전쟁의 여러 유명 인사들과 함께 – 그중에는 늘 아름다움을 잃지 않는 스파르타의 헬레네도 있습니다 – 그곳을 거닐었다고 전해집니다. 비천하거나 평범한 사람들에게는 영웅이라든지 아름다운 여인이 일찍 사라질 수밖에 없는 게 즐거움이 될 수도 있겠지만, 위대한 시인들은 그들을 무덤에서 일으켜 생명을 불어넣은 후 꽃도 마음도 시들어 사라지지 않는 행복의 섬으로 데려갑니다.

저는 괴테의 〈파우스트〉 제2부를 약간은 부정적으로

* 폰투스 에우크시누스(Pontus Euxinus) : 유럽과 아시아 사이, 발칸반도의 동쪽에 있는 흑해의 라틴어식 표기이며 독일에서 발원하는 다뉴브강이 유럽의 여러 국가를 거쳐 이 흑해로 흘러 들어간다.

* 펠리데 : 아킬레우스의 또 다른 이름이다.

평가했습니다. 물론 아름다운 헬레네를 묘사한 것만큼은 존경과 함께 칭찬하지 않을 수 없습니다. 그러나 아무리 반복해도 지나치지 않을 비난의 말을 하지 않을 수 없습니다. 괴테는 아주 드문 경우를 제외하고 전설의 정신을 충실하게 따르지 않았습니다. 이 문제에 대해 가장 불평할 것이 많은 자는 악마일 것입니다. 괴테의 메피스토펠레스는 옛 민중본에 나타나는 진짜 메피스토펠레스와 조금도 내적으로 유사한 점을 가지고 있지 않습니다. 괴테가 〈파우스트〉 제1부를 쓸 때 이런 점을 전혀 알지 못했다는 의심은 더욱 강화될 수밖에 없습니다. 알았다면, 괴테의 메피스토펠레스는 그토록 사악하고 우스꽝스러우며 기괴한 가면을 쓰고 등장하지 않았을 것입니다. 그는 지옥에서 온 악당이 아닙니다. 그도 자신을 그렇게 부르지만, 그는 섬세한 기질을 가진 악령으로서 매우 고귀하고 기품 있는 존재이며, 지옥의 통치 기구 안에서 꽤 높은 계층에 있고, 제국의 총리가 될 수도 있는 여러 정치가 중 한 명인 것입니다. 그래서 저는 제 작품에서 그를 이러한 지위에 상응하는 모습으로 그렸습니다. 또한 악마는 늘 아름다운 여인으로 변신하는 것을 좋아했습니다. 옛 《파우스트》 책에서도 메피스토펠레스는 가련한 파우스트 박사가 때때로 신앙 문제로 양심의 가책을 느낄 때 아름다운 여인의 모습으로 나타나 그를 유혹했습니다. 옛《파우스트》책은 다음과 같이 이 이야기를 매우 단순하게 풀어냅니다.

"파우스트가 홀로 앉아 신의 말씀을 곰곰이 생각하고 있을 때였다. 아름다운 여인으로 모습을 바꾼 악마가 나타나더니 그를 놀리고 온갖 음란한 짓을 저질렀다. 파우스트는 곧 신의 말씀을 잊어버리고 사악한 생각의 늪에 빠졌다."

저는 악마와 그의 무리를 무희들로 묘사함으로써 당신이 생각하는 것보다 더 전통에 충실히 하고자 했습니다. 파우스트 박사가 살았던 시대에 이미 악마의 발레단이 있었다는 것은 허구가 아닙니다. 그것은 파우스트의 제자였던 크리스토프 바그너의 삶을 통해 입증할 수 있습니다. 옛《파우스트》책 16장에서 우리는 사악한 죄인이 빈에서 연회를 열었다는 사실을 읽을 수 있습니다. 그곳에서 악마는 여인의 모습으로 변신하여 현악기로 매우 아름답고 즐거운 곡을 연주했죠. 다른 악마들은 '온갖 기괴하고 음탕한 춤'을 추었고요. 그들은 원숭이 모습으로도 춤을 추었는데, 책은 이렇게 말합니다.

"곧 열두 마리의 원숭이가 나타나서 원무를 추었는데, 현재 로망디,* 프랑스, 독일에서 유행하는 프랑스 발레를 춘 그들은 너무나 훌륭한 도약을 보여 주었기 때문에 모두가 깜짝 놀랐다."

바그너의 하인 역할을 했던 악마 아우어한 역시 대개는 원숭이 모습으로 나타나는데, 그도 무대에서 춤추는 원숭이로 등장하죠. 옛 책에는 다음과 같이 적혀 있습니다.

"그는 위아래로 뛰어오르며 갈리아르드*와 또 다른 현란한 기술의 춤을 추었고, 심벌즈를 두드리며, 플루트와 나팔을 불었는데, 나팔 소리는 100개나 되는 듯 컸다."

친구여, 마술사 전기를 쓴 사람의 '갈리아르드 춤'이라는 표현의 의미를 내가 어떻게 해석했는지 당신에게 설명하지 않을 수 없군요. 나는 1668년 라이프치히에서 인쇄되었고 블록스베르크에 관한 이야기들이 실려 있는 요한 프레토리우스의 훨씬 더 오래된 책에서 위에서 언급한 춤이 악마에 의해 고안되었다는 주목할 만한 사실을 발견했습니다.

* 로망디(Romandie) : 스위스의 프랑스어권 지역으로 벨셰(Welsche), 벨슐란트(Welschland)로도 부른다.

* 갈리아르드(Gagliarde) : 15세기 이탈리아의 경쾌한 4분의 3박자 춤이다.

존경받아 마땅한 그 저자는 다음과 같이 명확하게 말합니다.

"로망디 지역의 갈리아르드 볼타로 불리는 새로운 춤, 즉 사람들이 서로의 치부를 움켜쥐고 망치로 두드려 볼록하게 돌출된 모양의 냄비처럼 빙빙 도는 춤은 마술사들에 의해 이탈리아에서 프랑스로 전해졌다. 그 원무는 매우 수치스럽고 음란하고 점잖지 못한 동작으로 가득 차 있을 뿐만 아니라 살인과 기형 같은 불행을 초래할 수 있다고 한다. 잘 조직된 경찰이라면 즉각 알아채고 엄격하게 금지할 춤이라는 것이다. 특히 제네바 사람들이 그 춤을 싫어했다. 그래서 악마는 그곳의 한 어린 여자아이에게 비법을 알려 주었다. 그건 바로 채찍 또는 마술 지팡이로, 소녀가 그걸로 건드린 사람들은 춤추고 깡충깡충 뛰지 않을 수 없다. 재판관도 아이를 얕보고 죽이지는 않겠다고 말했다는데, 그래서인지 그 아이는 결코 자신의 죄를 뉘우치지 않았다."

친구여, 이 인용에서 당신은 첫째로 갈리아르드가 무엇이며, 둘째로 악마가 경건한 사람들을 골탕 먹이기 위해 무용 예술을 장려한다는 것을 알 수 있습니다. 게다가 악마는 칼뱅주의의 예루살렘이라 할 수 있는 제네바를 마술 지팡이로 춤추게 했으니, 신성모독의 극치라 하겠습니다.

소도시 제네바의 모든 성인, 굳센 신앙심을 견지한 시계 장인들, 신의 선택을 받은 사람들, 덕망을 갖춘 교육자들, 무뚝뚝하고 굼뜬 설교자와 교사들이 갑자기 갈리아르드를 추기 시작하는 걸 상상해 보세요! 이 이야기는 사실임이 틀림없습니다. 보댕*의 《데모노마니아》에서 그 이야기를 읽은 기억이 납니다. 〈춤추는 제네바〉라는 이름의 발레로 각색하고 싶을 정도입니다!

주지하다시피 악마는 훌륭한 무용수입니다. 무희로 변신한 그가 존경하는 관객 앞에 등장하는 건 누가 보아도 놀랄 일이 아닐 것입니다. 옛 《파우스트》 책에 나오는 것처럼, 메피스토펠레스가 날개 달린 말로 변신하고 파우스트를 등에 태워 그의 감각과 관능이 원하는 모든 땅과 장소로 이동하는 모습이 조금은 자연스럽지 않게 보이지만, 그래도 그 변신은 매우 심오한 의미를 지닙니다. 악마는 빠르게 생각할 수 있을 뿐만 아니라 시학에도 매우 능합니

* 장 보댕(Jean Bodin, 1530~1596) : 프랑스의 법학자이자 정치 철학자이며 《마녀들의 악마 숭배에 관하여(De la démonomanie des sorciers)》(1580)를 썼다.

다. 파우스트를 이 지상의 모든 화려함과 쾌락의 장소로, 그것도 그토록 짧은 시간 안에 데려다줄 수 있으니, 그는 페가수스*와 다름없습니다. 그는 순식간에 파우스트를 콘스탄티노플로 데려갑니다. 그것도 직접 위대한 터키인의 하렘으로 말입니다. 파우스트는 그곳에서 그를 무함마드로 여기고 놀란 오달리스크*들과 함께 천상의 향락을 누리죠. 메피스토펠레스의 도움으로 그는 이번에는 로마의 바티칸으로 갑니다. 그곳에서 사람들 눈에 띄지 않고 최고 요리와 음료를 교황의 코앞에서 빼앗아 마음껏 즐깁니다. 파우스트는 처음 악마를 불러낸 이후로 메피스토펠레스에게 앞으로 그를 부를 때마다 프란치스코회 수도사 복장으로 나타날 것을 명령했는데, 이 점 또한 특징이라 하겠습니다. 옛 《파우스트》 책에서도—인형극이 아니라—수도승 옷차림의 악마가 등장하는데, 이를테면 그가 파우스트와 종교를 주제로 논쟁을 벌일 때 더욱 그랬죠. 종

* 페가수스 : 그리스 신화에 등장하는 날개 달린 말이다.

* 오달리스크 : 이슬람 궁전의 하렘에서 술탄에게 시중을 들던 궁녀다.

교개혁 시대의 숨결도 분명히 느낄 수 있고요.

메피스토펠레스는 실제 형상을 하지 않을 뿐만 아니라, 다른 대중적인 영웅들처럼, 예컨대 웃음을 의인화한 인물 틸 오일렌슈피겔*처럼 독일 수공업자들의 우악스러운 모습, 또는 흰 수염의 끝이 마치 새로 태어난 듯 다시 검은색으로 변한 1800년이나 된 긴 수염을 기른 영원한 유대인*처럼 인기를 얻지 못했습니다. 메피스토펠레스는 마법 관련 책에서 항상 어린아이의 모습으로 등장하는 아지아벨이나, 또는 열 살짜리 소년 모습의 악마 마르부엘처럼 확고하게 정해진 형상으로 나타나지 않습니다.

파우스트가 악마와 함께 두 마리의 말을 타고 여행할지, 아니면 커다란 망토를 두르고 하늘을 날아다닐지는 무

* 틸 오일렌슈피겔(Till Eulenspiegel) : 중세 독일의 민담에 등장하는 장난꾸러기의 이름이다.

* 영원한 유대인 : 중세 유럽의 전설로서 예수를 모독하여 세계를 영원히 떠도는 운명을 짊어진 허구적 인물을 의미한다. 보통은 《구약성서》 〈에스더기〉에 나오는 크세르크세스 1세를 말하지만, 안식처를 잃고 끝없는 방랑과 핍박 속에 삶을 영위하는 유대인의 존재 상황을 상징하기도 한다.

대의 도구 담당자에게 맡긴다는 점을 여기에 덧붙이지 않을 수 없군요. 그런데 마법 망토가 민중들에게는 더 인기가 있을 것입니다.

안식일을 기념하기 위해 길을 떠난 마녀들에게는 가정용품이든 짐승이든 상관없이 어떤 것을 타고 가도록 허용해야 합니다. 독일 마녀들은 흔히 빗자루를 사용합니다. 그들은 자신의 알몸에 발랐던 마법 연고를 빗자루에도 바르죠. 그리고 지옥에서 연인, 즉 악마들이 오면, 연인은 앞에, 마녀는 뒤에 앉아 하늘을 납니다.

"우리가 여기 있다, 여기 있다!"

프랑스의 마녀들은 몸에 기름을 바르면서 이렇게 말하지만, 독일 마녀들은 굴뚝에서 빠져나와 날아오르면서 다음과 같이 말합니다.

"위로 솟아오르자, 내려갈 곳은 없다!"

그들은 공중에서 서로 만나 무리 지어 안식일에 도착할 방법을 알고 있다는 거지요. 또한 마녀들은 요정과 마찬가지로 기독교의 종소리를 무척이나 싫어하기 때문에 교회 탑을 지나칠 때면 종을 떼어 늪에 던지고는 끔찍하게 웃습니다. 이것은 마녀재판에서도 나타나는데, 프랑스 속담에 따르면 노트르담 성당의 종을 훔쳤다는 혐의를 받으면 즉각 도망쳐야 한다고 합니다.

마녀들은 집회 장소를 집회소 또는 제국의회로 부릅니다. 이 점에 대한 민중의 견해는 매우 다양합니다. 하지만 고문 끝에 자백을 얻어 낸 마녀들의 일치된 내용과 레미,* 고델마누스, 비에루스, 보댕, 심지어 드 랑크르* 같은 권위자들의 증언에 따라 저는 나무로 둘러싸인 언덕의 정상을 발레의 3막 배경으로 선택했습니다. 독일에서 마녀들의 모임은 주로 하르츠 산맥의 중심부를 이루는 블록스베르크에서 열렸고 지금도 열리고 있습니다. 그러나 그곳에 모인 마녀들은 독일 마녀만 있는 것이 아닙니다. 외국에서 온 마녀들도 있고, 살아 있는 죄인들뿐만 아니라 윌리*들처럼 죽은 후에도 춤추고 싶은 욕망에 시달리며

* 니콜라스 레미(Nicholas Rémy, 1530~1612) : 마녀재판을 주도한 프랑스의 판사로, 장 보댕의 영향을 많이 받은 것으로 전해진다.

* 피에르 드 랑크르(Pierre de Lancre, 1553~1631) : 마녀재판을 주도한 프랑스의 판사다.

* 윌리(Willi) : 발레 〈지젤(Giselle)〉에 등장하는 춤의 요정이다. 남자의 배신으로 버림받은 여인들의 영혼인 윌리는 밤이면 무덤에서 나와 길을 잃은 남자를 유혹하여 지쳐 죽을 때까지 춤을 추도록 만든다. 원래 발레 〈지젤〉은 하이네의 《독일 이야기(De l'Allemagne)》(1835)에

무덤에서 평화를 얻지 못한 죄인들도 찾아옵니다. 그래서 안식일에는 온갖 나라와 시대의 다양한 복장들이 뒤섞여 있는 것이죠. 고귀한 신분의 숙녀들은 대부분 변장하고 거리낌 없이 행동하지만, 이곳에 모인 마법사 대다수는 평상시에는 고결하고 기독교의 가르침에 따라 바른 삶을 사는 사람으로 가장합니다. 마녀들의 연인으로 등장하는 악마들의 경우, 그들의 계급은 서로 다른 경우가 많습니다. 늙은 요리사나 소몰이 여인은 하층 계급의 악마에게 만족할 수밖에 없는 처지이지만, 고귀한 신분의 귀족 여성들과 귀부인들은 신분에 걸맞게 교양을 갖추고 매우 세련된 모습의 악마들이라든지 지옥에서 가장 용감한 젊은 귀족들과 즐겁게 지낼 수 있습니다. 특히 후자의 악마들은 스페인 부르고뉴풍의 검은색이거나 매우 화려하고 밝은 궁정 연미복을 입고, 납작모자에는 필수품인 붉은 수탉 깃이 펄럭입니다. 첫눈에 보기에 신사들은 몸매가 좋고 옷차림도 멋있어 보이지만, 완벽하다고 말하기에는 무언가 부족한

등장하는 윌리 전설에서 영감을 얻었다.

것이 있고, 좀 더 자세히 들여다보면 눈과 귀를 불쾌하게 만드는 부조화가 그들의 모습에서 드러납니다. 그들은 지나치게 깡마르거나 너무 뚱뚱하고, 얼굴은 창백하거나 너무 붉으며, 코는 너무 짧거나 너무 길고, 손가락은 말의 발까지는 아닐지라도 새 발톱처럼 보입니다. 앞서 말했듯이, 온갖 종류의 하찮은 요괴들과 지옥의 화부들을 상대해야 하는 가련한 여자들의 연인들처럼 그들은 유황 냄새를 풍기지 않습니다만, 모든 악마에게는 치명적인 약점이 있습니다. 모든 계층의 마녀들이 법적 절차를 통해 불만을 제기하는 건 바로 포옹하고 뜨겁게 사랑을 나눌 때 연인의 몸이 너무 차갑다는 겁니다.

마녀들의 회의를 주재하는 존재는 신의 총애를 잃고 어둠의 왕이 된 루시퍼입니다. 검은 염소 모습이지만 검은 사람의 얼굴을 하고 두 뿔 사이에는 밝게 무언가가 빛나고 있습니다. 회중 가운데에서 제왕은 높은 받침대나 돌로 만든 탁자 위에 서 있습니다. 그런데 표정은 매우 진지하고 우울해 보입니다. 지루해서 죽겠다는 사람처럼 말입니다. 마녀, 마법사, 악마와 그 종자들 모두 쌍쌍이 불타는 초를 손에 들고 그의 앞에 무릎을 꿇습니다. 이어 그의 엉덩이에 입을 맞추며 경의를 표하죠. 그래도 그의 기분은 좋아지지 않습니다. 모두가 그를 중심으로 빙빙 돌며 춤을 추고 환호를 울리는데도 그는 여전히 우울하고 심각한 표정을 짓고 있어요. 그들이 추는 원무가 바로 그 유명한 마녀의 춤입니다. 춤추는 사람들의 얼굴이 밖을 향하고 있어 등만 보일 뿐 상대방의 얼굴은 보이지 않는다는 점이 이 춤의 특징입니다. 이건 하나의 예방책입니다. 나중에 법적 문제가 생겨 기소 대상이 된 마녀들이 곤란한 질문을 받았을 때 안식일을 함께 보낸 동료의 이름을 쉽게 털어놓을 수 없도록 말입니다. 마찬가지로 고발에 대한 두려움 때문에 고귀한 부인들이 얼굴을 가리고 무도회에 참석한 것이죠. 하지만 그 외 대다수는 그저 셔츠 차림으로 춤을 춥니다. 물론 옷을 벗은 자들도 있죠. 그들은 손을 잡고 춤을 추며 팔로 원을 그리거나, 팔을 넓게 펼치기도 합니다. 빗자루를 휘두르며 소리를 지르는 자들도 있습니다. "하! 하! 안식일! 안식일!"

그런데 춤을 추다가 땅에 쓰러지면, 그건 불길한 징조입니다. 또한 어지럽게 춤을 추던 마녀가 신발 한 짝을 잃는다면, 그건 그녀가 그해에 장작더미에 올라간다는 것을 의미합니다.

악사들은 지독하게 혐오스러운 얼굴의 지옥에서 온 악령들이거나 길거리에서 데려온 떠돌이 장인들입니다. 제일 선호하는 악사들은 바이올린과 플루트 연주자들입니다. 시각 장애인인 그들에게 안식일 축제에서 벌어진 끔찍한 광경 때문에 그들의 연주가 방해받는 일은 생기지 않는다는 거죠. 악사들이 두려워할 수 있는 것 중 하나는 이른바 신입 마녀의 검은 마녀 동맹 가입, 즉 무시무시한 비밀 종교의식에 마녀들이 입문하는 장면이 될 것입니다. 신입 마녀는 지옥과 공식적으로 결혼을 올린 것이고, 그녀의 사악한 신랑인 악마는 그녀에게 새로운 이름을 지어 주며 자상함의 표시로 그녀의 몸을 불로 지져서 지워지지 않을 비밀스러운 표식을 남깁니다. 그 표식은 잘 감춰져 있어서 마녀재판의 예심판사가 종종 찾는 데 어려움을 겪기도 하죠. 그래서 집행관이 피고의 몸에서 모든 털을 제거하기도 합니다.

지옥의 군주는 마녀 중에서 한 명을 선택합니다. 그녀는 '아르키-스포사', 즉 최고의 신부라는 칭호를 지닌 정부가 됩니다. 그녀의 무도회 의상은 단 하나의 황금 신발로 이루어져 있어 매우 단순합니다. 그것 때문에 그녀는 황금 신발을 신은 여왕으로도 불립니다. 그녀는 아름답고 키가 크며 위풍당당한 체구의 여성입니다. 악마는 아름다운 형태를 가려내는 예술가일 뿐만 아니라 육체를 사랑하는 자로 육체가 풍만할수록 죄는 더 크다고 생각하죠. 그는 자신의 사악함을 더욱 세련되게 하려고 미혼 여성이 아니라 늘 기혼 여성을 신부로 선택하면서 간통죄에 음탕한 행위를 하나 더 추가합니다. 그의 정부는 당연하게도 훌륭한 무용수여야 합니다. 특별한 안식일 축제 때에 고귀한 존재인 염소는 받침대에서 내려와 몸소 실오라기 하나 걸치지 않은 이 미녀와 기괴한 춤을 추게 되는데,

"매우 의심스럽고 기독교적인 시각에서"

라고 과거 비트만이 이렇게 말했듯이, 저는 그것을 묘사하지 않겠습니다. 약간 암시만 해 드리자면, 그건 소돔*에서 추던 옛 춤입니다. 이 도시가 몰락한 후 전통은 롯*의 딸들에 의해 보존되어 오늘날까지 유지되고 있고, 저도 파리 생토노레 거리 359번지 성모 승천 성당* 옆에서 사람들이 이 춤을 추는 걸 자주 보았습니다. 제복 차림의 도시

* 소돔 : 《구약성경》 〈창세기〉에 등장하는 지명으로, 고모라와 더불어 도덕적 타락을 상징한다.

* 롯 : 《구약성경》 〈창세기〉에 등장하는 인물로, 하란의 아들이자 아브라함의 조카인 롯과 그의 아내는 탐욕과 이익에 집착하는 인물로서 인간의 어리석음을 예시적으로 보여 주는 인물이다.

* 파리 성모 승천 성당(파리 노트르담 드 라송시옹 성당(Église Notre-Dame-de-l'ssomption de Paris)이다.

경비대원처럼 마녀들의 무도회에서 미친 듯이 날뛰는 욕망을 무력으로 통제할 도덕성이 존재하지 않는다는 사실을 고려하면, 위에서 언급했던 파 드 되에서 어떤 종류의 도약이 나타났을지 쉽게 추측할 수 있을 겁니다.

여러 기록에 따르면, 위대한 염소와 그의 신부는 무도회 다음에 열리는 연회의 호스트가 된다고 합니다. 연회에서 사용된 식기와 음식은 매우 고급스럽고 훌륭합니다. 그중 일부를 몰래 주머니에 넣어 가지고 올 수도 있겠지요. 그런데 가지고 온 그 황금 잔이 다음 날 그저 토기에 불과하고 맛있는 케이크는 똥 케이크였다는 걸 알게 되겠죠. 아울러 소금이 전혀 음식에 들어가지 않는다는 것도 특징입니다. 손님들이 부르는 노래의 가사 역시 신성모독의 공허한 내용을 다루고 있는데, 경건한 찬가의 선율에 맞추어 그들은 울부짖듯이 노래합니다. 게다가 가장 고귀한 종교의식도 치욕스러운 익살과 조롱의 대상이 됩니다. 예컨대 교회의 예식에 맞추어 성스러운 세례가 두꺼비, 고슴도치, 쥐에게 베풀어지고, 이 혐오스러운 의식을 하는 동안 대부와 대모는 경건한 기독교인 척하는 위선을 부립니다. 세례식에 필요한 성수는 그야말로 신성모독이 아닐 수 없습니다. 그 액체는 바로 악마의 소변입니다. 마녀 역시 십자가 성호를 긋지만, 완전히 반대 방향으로, 그것도 왼손으로 긋고, 로망스어*권에서 온 마녀들은 다음과 같이 말합니다.

"In nomine patrica aragueaco petrica, agora, agora, valentia, jouando goure gaits goustia."*

이건 이런 뜻입니다.

"파트리카와 아라곤과 페트리카의 이름으로, 이제, 이제, 발렌시아의 이름으로, 비참했던 시절은 모두 끝나리라!"

사랑과 용서에 관한 신의 신성한 가르침을 조롱하기 위해 지옥의 염소는 드디어 천둥같이 우렁찬 목소리로 외칩니다.

"복수하라, 복수하라, 그러지 않으면 죽으리라!"

이것은 마녀 집회의 끝을 알리는 성찬의 말씀입니다.

* 로망스어 : 고대 라틴어에서 유래한 언어로, 이탈리아어, 프랑스어, 스페인어, 포르투갈어, 루마니아어가 그에 속한다.

* 가톨릭교의 성호경 〈성부와 성자와 성령의 이름으로, 아멘(in nomine Patris, et Filii, et Spiritus Sancti, Amen)〉을 의도적으로 왜곡하여 희화화했다는 것을 알 수 있다.

그리고 수난*의 가장 숭고한 의식을 조롱하기 위해 이 적그리스도는 자신을 희생양으로 바치려 합니다. 그러나 그것은 인류의 구원이 아니고 인류의 불행을 위한 것입니다. 염소는 큰 불꽃 속에서 타오르며 마침내 사라집니다. 그리고 마녀들은 한 줌의 재를 얻기 위해 모여듭니다. 나중에 저지를 흉악한 범죄에 쓰기 위해서죠. 무도회와 연회는 곧바로 끝납니다. 수탉이 울고 여인들은 추위에 몹시 떨기 시작합니다. 이곳에 온 것처럼, 그들은 이제 이곳에서 떠납니다. 하지만 더 신속하게. 코를 골며 자는 남편의 잠자리로 가는 마녀들도 많이 있습니다. 남편은 아내의 형상으로 만든 통나무가 그녀가 없는 동안 옆에 있었다는 사실을 알지 못하죠.

저도 이제 자야겠어요. 소중한 친구여, 밤이 깊도록 당신이 부탁했던 글들을 쓰고 있었거든요. 저는 당신을 제발레를 무대에 올리는 총감독으로 생각하지 않습니다. 그보다는 예술과 사상에 관심이 있는 교양을 갖춘 신사로 생

* 수난 : 예수의 생애 중 십자가 처형 등의 마지막 시간을 가리킨다.

각하죠. 나의 친구여, 당신은 시인에게서 얼핏 들은 암시를 잘 이해하고, 암시는 당신의 모든 말로 열매를 맺습니다. 사업가로 자질이 입증된 당신이 어떻게 탁월한 미적 감각도 가졌는지 저는 이해하기 어렵군요. 더 놀라운 것은, 당신이 직업을 수행하며 온갖 고민과 어려움을 겪으면서도 마음속 깊이 시에 대한 사랑과 열정을 잃지 않는다는 것입니다!

해 설

파우스트 이야기는 유럽에서 가장 널리 알려진 전설 중 하나로 많은 작가에게 영감을 주었으며, 작가의 문화적 배경과 지역적 차이에 의해 다양하게 변형되고 연극, 인형극, 발레 등의 새로운 장르나 매체에 맞춰 재해석되거나 각색되었다. 그래서 원래의 교훈이나 메시지가 달라지고 수정되기도 했지만, 파우스트의 지식과 권력에 대한 열망, 악마와의 계약, 세속적 쾌락 추구, 죽음 등은 서사를 구성하는 공통적이고 핵심적인 요소로 나타난다. 하이네의 《파우스트 박사. 무용 시》(1851) 역시 전통적인 모티프를 사용했지만, 고유의 해석과 성찰을 추가했다. 특히 그의 작품은 시와 춤이 결합한 것이 특징인데, 춤은 유혹, 지식, 도덕적 타락과 같은 작품의 주제를 탐구하는 은유적 수단으로 활용되었다.

작품의 내용을 먼저 간략하게 요약한다. 〈제1막〉에서 파우스트는 주문을 외우며 악마를 소환한다. 곧 천둥과 번개가 치고 땅이 열리더니 메피스토펠레스가 나타난다. 파우스트는 발레리나의 모습으로 등장한 악마의 모습에 흥미를 느끼고 메피스토펠라로 부르며 점점 더 매료된다. 그는 악마가 만든 신기루, 즉 거울 속 공작 부인의 아름다운 모습에 이끌려 악마와 계약을 맺고 지상의 쾌락을 얻기 위해 천상의 행복을 포기한다. 〈제2막〉에서 파우스트는 거울에서 보았던 공작 부인과 만나 춤을 춘다. 그는 공작 부인이 마녀라는 것을 알게 되고, 그녀를 마녀들의 안식일에 초대한다. 파우스트와 공작 부인의 관계를 눈치채고 화가 난 공작이 위협을 가하자, 파우스트와 메피스토펠라는 도망친다. 마녀들의 축제에 참여한 지옥의 괴물들이 〈제3막〉에서 사람 얼굴을 한 검은 염소를 숭배하며 춤춘다. 파우스트는 다시 만난 공작 부인과 사랑을 나누기 위해 무대 구석으로 몸을 숨긴다. 잠시 후 공작 부인을 혐오하며 나타난 파우스트는 메피스토펠라와 함께 도망친다. 〈제4막〉에서 파우스트와 메피스토펠라는 트로이의 헬레네가 머무는 아프로디테 신전에 도착한다. 헬레네의 순수하고 자연스러운 아름다움에 이끌린 파우스트는 그녀와 함께 춤을 추며 황홀경에 빠진다. 파우스트를 그리워하며 나타난 공작 부인은 사랑스러운 두 사람의 모습에 격분한 나머지 모든 것을 파괴하고 폭풍을 일으킨다. 결국 그녀는 광기에 사로잡힌 파우스트의 칼에 찔려 죽는다. 파우스트와 메피스토펠라는 홍수를 피해 달아나고 섬은 가라앉는다. 파우스트는 〈제5막〉에서 시장의 딸과 사랑에 빠지고 진정한 행복을 만끽하며 결혼을 마음먹는다. 바로 그 순간 끔찍한 폭풍을 일으키며 나타난 악마는 파우스트에게 세속적인 쾌락의 향유가 끝났음을 상기시킨다. 파우스트는 자비를 구하지만, 뱀으로 변한 메피스토펠라는 그를 목 졸라 죽인다.

1846년 런던 '여왕 폐하 극장'의 총감독 벤자민 럼리는 발레 〈지젤〉이 하이네의 작품에서 영감을 얻었다는 걸 알고 시인에게 파우스트 소재를 각색하여 무용 대본으로 만들어 달라고 요청했다. 이후 완성된 작품의 상연은 여러 이유로 중단되었지만, 하이네는 상당한 금액의 집필료를 받았고, 작품은 원래 시집 《로만체로》(1851)와 함께 출판될 계획이었으나 대중적 성공에 확신할 수 없었던 출판인 율리우스 캄페에 의해 《악마와 마녀, 그리고 시 문학에 관한 흥미로운 이야기를 곁들인 무용 시》라는 제목의 책으로 따로 출판되었다. 출간 이후, 《파우스트 박사. 무용 시》에 관한 비평가들의 반응은 엇갈렸다. 비평가들은 파우스트 전설에 관한 하이네의 혁신적인 접근, 즉 춤을 서사적이고 상징적인 장치로 도입하여 새로운 차원의 해석을 제시한 점에 찬사를 보내고, 작품의 서정적인 아름다움과 구조, 그리고 인간의 욕망과 한계에 대한 비판을 높이 평가했다. 반면 작품의 독특한 구조로 인해 독자들이 작품의 복잡한 주제와 문체, 즉 무용과 음악의 특성, 그리고 복잡한 철학적, 문화적 주제를 다루며 현실 세계에서 초자연적인 영역까지 넘나드는 서사의 다양한 층위를 온전하게 이해하는 데 어려움을 느낄 수 있다고 지적하는 목소리도 있다.

춤(발레)은 하이네의 《파우스트 박사. 무용 시》를 다른 작품들과 차별화하는 가장 특별한 요소다. 침울한 모습의 학자, 악마를 주문으로 소환하기, 파우스트의 모험과 마술, 그리고 죽음에 저항하는 그의 모습 등은 작품의 주요 장면들인데, 춤은 파우스트 이야기의 서정적이고 비판적인 측면을 강조하여 전설의 주제를 더욱 깊이 있게 탐구하는 기능을 한다. 즉 춤은 유혹, 변화, 그리고 인간 존재의 덧없음을 은유적으로 표현하고, 파우스트의 내면적 갈등과 이중성을 창의적으로 탐구하는 수단이며, 더 나아가 추상적인 철학적 개념과 시각적 움직임을 결합하는, 즉 전통적인 지식 탐구 방식에서 벗어나 다감각적인 경험을 제공함으로써 감상자가 작품의 의미 생성 과정에 역동적으로 참여하도록 유도한다. 또한 《파우스트 박사. 무용 시》에서 춤은 에로티시즘과 결합하며 중요한 역할을 한다. 특히 두 무용수가 추는 '파 드 되'는 작품에서 성적인 매력이

나 관능적인 분위기를 고조하는 데 큰 역할을 한다. 원래 고전 발레에서 파 드 되는 연인 관계를 표현하는 춤의 용어로 그 자체로 성적인 의도를 담고 있지는 않지만, 하이네는 고전 발레의 엄격한 성 역할이나 형식에서 벗어나, 파 드 되를 통해 노골적이고 파격적인 에로티시즘을 의도했다. 무용수의 에로티시즘 표현은 소통과 공감의 매개로서 에로스적 충동을 자극하며 감상자를 작품에 깊이 몰입하게 만드는 효과가 있으며, 궁극적으로 무용수와 감상자 사이의 정신적 교감을 완성하는 중요한 수단이 될 수 있다.

파우스트 이야기가 주로 악마와의 계약, 인간의 욕망과 쾌락, 그리고 구원의 문제에 집중되어 있다고 한다면, 하이네의 《파우스트 박사. 무용 시》는 지식을 힘의 원천이자 파멸로 가는 길로 제시하며 인간 지식의 가치와 한계에 관한 질문을 추가한다. 인간의 지식은 삶의 중요한 원동력이지만, 지식에 대한 탐닉은 현실과 유리된 추상적 공간 안에서 인지 능력의 한계에 부딪힐 수 있다. 파우스트를 통해 나타나는 이러한 지식 추구의 욕망과 유혹에 대한 취약성이라는 딜레마는 오늘날에도 여전히 인간 존재의 근본적인 질문들인 것이다.

《파우스트 박사. 무용 시》는 하이네의 미학적 신념, 특히 예술의 본질에 대한 탐구와 인간 존재에 관한 성찰을 통찰하는 데도 도움을 준다. 그의 작품이 단순히 미적인 즐거움을 넘어, 작가의 깊은 사상을 이해하는 데 중요한 역할을 한다는 것인데, 이를테면 고대 그리스 신화와 파우스트 전설에 대한 하이네의 해박한 지식과 통찰은 단순히 신화 및 전설 내용의 전달을 넘어 인간 행동의 결과, 개인과 사회의 관계, 그리고 예술의 힘에 대한 작가의 성찰을 간접적으로 체험하도록 만든다. 우리는 파우스트의 심리적 갈등을 통해 당대 사회에 대한 비판적 시각을 관찰할 수 있고, 이상의 추구에 몰두하면서도 세속적인 쾌락과 타락에 빠진 파우스트의 모습을 보며 당대 낭만주의의 이중성을 비판하는 작가의 시각을 엿볼 수 있다. 아울러 지식과 향락에 대한 인간의 끝없는 욕망은 곧 종교의 영향력이 약화된 시대에서 방황하거나 허무주의에 빠지기 쉬운 인간 존재에 대한 시인의 고뇌와 맞닿아 있다. 그러므로《파우스트 박사. 무용 시》가 미의 추구를 넘어, 개인적인 경험과 시대적 배경, 그리고 세상을 바라보는 시인의 독특한 관점과 철학을 종합적으로 담아냈다고 말할 수 있다.

하이네는 독일 고전주의의 거장인 괴테의 문학적 역량은 높이 평가했지만, 그가 파우스트를 다룬 방식에 관해서는 비판적이었다. 괴테는 걸작을 만들었지만, 파우스트 전설과 민담의 본질을 전혀 고려하지 않았다는 것이다. 시인은 처음부터 메피스토펠레스를 메피스토펠라로, 또한 파우스트를 괴테의 파우스트보다 더 성적 욕망에 휘둘리는 인물로 변모시킴으로써 원형, 즉 전설과 민담에 등장하는 인물 파우스트에 더 가깝도록 썼다고 주장한다. 아울러 하이네는 괴테가 고작 인형극에만 익숙했을 거라는 악평을 쏟아 내며 파우스트 소재가 민담에서 영국을 거쳐 독일로 왔고, 다시 인형극으로 전승된 경로를 상세하게 재구성한다. 물론 그의 견해는 논란의 여지가 있다. 그러나 하이네의 비판과 해명이 파우스트 이야기의 단순한 줄거리나 역사적 맥락을 넘어, 작품의 서사 구조, 문체, 기법 등과 같은 문학 자체의 고유한 특성 탐구에 중점을 두었다는 사실에 우리는 주목할 필요가 있다. 하이네의 파우스트 전설 분석, 시대 배경, 미학적 특성에 관한 심층적인 탐구는 소재로서의 파우스트 이야기에 대한 비평적, 이론적 접근일 뿐만 아니라 문학사적 측면에서도 호기심을 불러일으키며, 인간의 심리나 무의식적 욕망을 전설과 민담에서 찾아내어 인간의 보편적인 사고 체계와 연결 지음으로써 인간 본성에 대한 탐구를 가능하게 하고 특정 지역과 문화의 경계를 넘어 공감대를 형성하게 만든다.

하이네의 《파우스트 박사. 무용 시》는 괴테의 그늘에

가려 상대적으로 덜 알려졌고 무대에 오르지도 못했다. 그러나 독자적인 해석과 예술적 실험성, 그리고 당대의 시대상을 반영함과 동시에 인간 삶의 보편적인 특성들을 탐구하여 현대의 독자에게도 새로운 해석의 여지를 주어 깊은 울림을 선사할 것이다.

지은이에 대해

많은 이들이 하이네를 낭만주의 시인으로 기억한다. 그의 시들이 개인적인 감정, 사랑의 고통과 좌절 등을 다루며 낭만주의 특유의 감상적인 분위기를 자아내기 때문이다. 여러 작곡가가 하이네의 시를 노랫말로 삼은 것도 우연이 아니다. 그러나 하이네는 낭만주의에 머물지 않고 시대의 문제에 맞선 시인이기도 했다. 그의 작품은 자유주의적, 혁명적인 사상과 사회 질서에 대한 신랄한 비판과 풍자로 인해 당시 프로이센 당국에 의해 검열되거나 금서로 지정되는 등 출판에 큰 어려움을 겪었다. 이러한 이유로 생전의 하이네는 핍박과 모멸의 시간을 보낼 때가 많았다. 그러나 시인의 이러한 삶과 작품들은 역사적, 사회적 상황이나 구조적 문제로 인해 겪는 고난뿐만 아니라 인간 본연의 보편적인 문제들에서 비롯되었으므로 시대를 초월하여 오늘날의 독자에게도 깊은 공감을 불러일으킨다.

하인리히 하이네는 1797년 12월 13일 독일 뒤셀도르프의 세속적인 유대인 가정에서 포목상 삼손 하이네와 그의 아내 베티의 아들로 태어났다. 1803년부터 어린 하이네는 사립 유대인 학교에 다녔으나, 프랑스 점령 시기 학교법 개정으로 유대인 자녀들이 기독교 학교에 다닐 수 있게 되자 시립 초등학교로 전학했고, 이어 뒤셀도르프 리세움(현재의 김나지움)을 다니며 프랑스어와 프랑스 문학을 접할 수 있었다. 13세의 하이네는 1811년 나폴레옹 1세가 뒤셀도르프에 입성하는 광경을 목격했다. 그는 훗날 이 경험을 그의 저서《이념 : 르그랑의 책》(1827)에 생생하게 담아냈다. 하이네는 평생 나폴레옹을 존경했고, 특히 유대인과 비유대인에게 법적 평등을 보장한 그를 높이 평가했다. 1814년 하이네는 아버지의 뒤를 이어 상인의 일을 배우게 된다. 그는 처음에는 프랑크푸르트 은행에서 수습생으로 일했으나 두 달 후 도제 생활을 그만두고, 은행을 운영하며 백만장자가 된 삼촌 살로몬이 있는 함부르크에서 다시 도제 수업을 받으며 자신의 사업을 시작할 재정적 수단을 얻게 된다. 그러나 사업에 대한 적성과 의욕이 없던 그의 도전은 파산으로 끝났다. 1819년 하이네는 본대학교 법학부에 입학했고 괴팅겐과 베를린에서 법학 외에 철학 및 역사 수업에도 참여하며 학업을 이어 갔다. 1825년 하이네는 괴팅겐대학 법학부에서 박사학위를 받았다. 아울러 개신교로 개종했으며 크리스티안 요한 하인리히라는 이름으로 개명했다. 개종 및 개명은 당시 세속화된 유대인이 사회적 차별과 고립에서 벗어날 수 있는 유일한 방안이었다. 이후 하이네는 함부르크에서 변호사와 법률 고문 자리를, 베를린과 뮌헨에서는 교수직에 지원했다. 하지만 그는 독일 사회의 유대인에 대한 차별과 적대에 좌절하고 만다.

하이네는 1821년 《시집》으로 시인으로서의 이름을 본격적으로 얻기 시작했다. 첫 시집이 호평을 받으면서 그는 여러 문예 잡지에 기고할 기회를 얻게 되고 시, 평론, 산문을 정기적으로 발표할 수 있었다. 《베를린에서 온 편지》와 《폴란드에 대하여》가 이 시기의 대표 작품이다. 그러나 글에 담긴 정부에 대한 비판과 도발적인 표현으로 당국과 갈등을 벌이게 되면서 하이네는 처음으로 비난과 괴롭힘의 대상이 되었다. 1823년 그는 서정시 《인터메초》를 출판했고, 1824년에는 가장 유명한 작품 중 하나인 〈로렐라이〉를 담은 서른세 편의 시를 출판했다. 1826년 출판인 율리우스 캄페가 《여행화첩》 첫 권을 출판하면서 하이네는 큰 성공을 거둔다. 하이네는 생전에 이 작품을 13판 이상 인쇄했고 1827년에 출판된 그의 시집과 함께 대중의 폭넓은 관심과 인정을 받는 시인이 되었다. 하지만 역사 현실에 대한 비판과 풍자는 보수적인 평론가들의 호감을 얻지 못했다. 특히 《여행화첩》에 대한 비판은 새 책이 출간될 때마다 더욱 거세졌다.

독일의 암울한 정치 현실에 절망하고 일자리를 찾는 데도 실패한 하이네는 1831년 5월 파리로 이주했다. 두 번째 고향이 된 파리에서 하이네는 상류 계급의 특권을 부정하고 표현의 자유를 보장하는 프랑스 사회의 분위기에 매료되었다. 그는 《아우크스부르크 알게마이네 차이퉁》을 시작으로 프랑스와 대비되는 독일의 문화적, 정치적 상황에 대한 글을 쓰기 시작했다. 그러나 1년도 채 되지 않아 출판은 중단되었다. 많은 사람들이 그의 자유주의 사상에 열광했지만, 당국은 하이네의 출판물을 의심스럽게 여겼기 때문이다. 그러나 《프랑스 정세》(1832)라는 제목의 책을 출간한 이후 작품과 글이 연이어 발표되면서 그는 단시간 내에 파리에서 유명 인사가 되었고, 파리 문단에도 진출하여 프랑스의 지식인 및 사회 엘리트들과 교류했다. 당시 그가 만났던 인사 중에는 조르주 상드, 빅토르 위고, 알렉상드르 뒤마 등이 있었다.

1835년 하이네를 포함한 '청년 독일파'의 작품들은 프랑크푸르트에서 열린 독일 연방 의회에 의해 독일 사회의 품위와 도덕성을 조롱하고 질서를 파괴했다는 이유로 금서 목록에 오르고 엄격한 검열의 대상이 되었다. 하이네는 자신의 정치적 · 이념적 사상을 재구성하고 이전보다

덜 직접적으로 표현해야 한다는 강박관념 속에 검열과 끊임없는 갈등을 벌였다. 1834년에서 1840년 사이에 《살롱》 네 권이 출판되었고, 여러 작품도 단독으로 출간되었다. 그중에는 《셰익스피어의 소녀와 여인들》(1839)과 《돈키호테》(1837)가 있다. 아울러 이 시기 동안 하이네는 〈피렌체의 밤〉 등의 많은 시들과 〈슈나벨레봅스키 씨의 회상〉, 〈바헤라흐의 랍비〉, 《루트비히 뵈르네에 관하여》(1840) 등의 산문들을 출판했다. 1840년대 초 그는 다시 《아우크스부르크 알게마이네 차이퉁》에 프랑스의 정치 상황 및 문화 현장에 관한 기사와 보고서를 기고하기 시작했다.

1840년 하이네는 파리를 떠나 피레네 산맥을 여행하고 1841년 8월에는 그가 마틸데로 불렀던 프랑스인 오거스틴 크레센스 미라와 결혼했다. 정규 교육을 받지 못한 마틸데는 그의 충실한 동반자였지만, 독일어를 할 줄 몰랐고 배우자가 쓴 작품의 진정한 의미를 온전히 이해하지 못했다. 1843년 하이네는 파리에서 젊은 카를 마르크스와 추종자들을 만났고, 1844년 시집 《신 시집》과 《시대 시》(1841~1844)를 출간하면서 지배 계급을 풍자하고 안일한 사고에 안주한 사회를 비판했다. 이 시기 그의 가장 중요한 정치 시로 〈실레지아의 직조공들〉을 꼽을 수 있다.

파리 이주 이후 하이네는 독일을 1843년, 1844년 단 두

번 방문했다. 1844년 말 하이네가 재정적으로 의존했던 삼촌 살로몬이 세상을 떠나고, 친척 및 상속인들과 지칠 줄 모르는 분쟁이 이어졌다. 게다가 하이네는 척추 결핵 또는 납 중독으로 추정되는 병이 악화하여 이후 8년 동안 소위 '매트리스 무덤'으로 불리는 병상에 누워 지내며 육체적으로나 정신적으로 힘든 시기를 보냈다. 그러나 그의 정신과 글쓰기 능력은 손상되지 않았다. 1851년에 발표된 시집 《로만체로》는 1853년과 1854년에 발표된 그의 다른 시들처럼 억압된 정서와 심리적 불안 등을 여과 없이 드러내고 있다. 이러한 시의 어조와 더불어 만성 질환으로 인한 혹독한 개인적 경험은 이전의 대담하고 비판적인 사고를 재고하고 수정하게 했다. 질병이 진행되면서 전신마비의 상태가 된 시인은 비서에게 수많은 작품을 받아쓰게 했다. 극심한 고통에도 불구하고 그는 1853년과 1854년에 걸쳐 《파우스트 박사. 무용 시》, 《산문집》, 《루테치아》, 《시집》 등 여러 작품을 출판했다. 하이네는 1854년 마지막 산문 〈고백록〉을 통해 어린 시절부터 이어진 자신의 지적 여정과 주요 정치 · 철학 · 종교 문제들을 되짚어 보았다. 하이네는 1856년 2월 17일 파리 망명지에서 59세의 나이로 생을 마감했고 몽마르트르 공동묘지에 안장되었다. 마틸데는 1883년에 사망했고 하이네의 무덤에 합장되었다.

주요 작품으로 《서정적 인터메초가 있는 비극》(1823, 〈빌헬름 라트클리프〉, 〈알만조〉, 〈서정적 인터메초〉 수록), 《서른세 편의 시》(1824), 《여행화첩》(1826, 〈하르츠 여행기〉, 〈귀향〉, 〈북해〉 등 수록), 《노래의 책》(1827), 《여행화첩》(1827, 〈북해〉 등 수록), 《여행화첩》(1830, 〈뮌헨에서 제노바까지의 여행〉, 〈루카의 온천장〉 수록), 《여행화첩》(1831, 〈루카시〉, 〈영국 단상〉 수록), 《카를도르프의 귀족론 서문》(1831), 《프랑스 정세》(1832), 《살롱. 제1부》(1834, 〈프랑스 화가들〉, 〈슈나벨레봅스키 씨의 회상〉 등 수록), 《살롱. 제2부》(1835, 〈독일의 종교와 철학에 관해〉, 연작시 〈새로운 봄〉 수록), 《살롱. 제3부》(1836), 《낭만파》(1836), 《슈바벤학파 비판》(1838), 《셰익스피어의 소녀와 여인들》(1839), 《작가의 고충》(1839), 《루트비히 뵈르네에 관해》(1840), 《살롱. 제4부》(1840, 〈바헤라흐의 랍비〉, 〈프랑스 무대에 관해〉 등 수록), 《신 시집》(1844, 〈독일. 겨울 동화〉 수록), 《아타 트롤-여름밤의 꿈》(1847), 《로만체로》(1851), 《파우스트 박사. 무용 시》(1851), 《산문집》(1854, 3권 구성으로 〈고백록〉, 〈망명 중의 신들〉 등 수록)을 남겼다.

옮긴이에 대해

김희근은 독일 뮌스터대학교 독어독문학과에서 독문학 박사학위를 받았고 한양대학교 인문과학대학 독어독문학과 교수로 재직하고 있다. 저서로 《하이네의 메시아적 전망》, 《성과 속, 그 사이에서의 문학 연구》, 역서로 요제프 로트의 《거미줄》, 하인리히 하이네의 《슈나벨레봅스키 씨의 회상 / 바헤라흐의 랍비》, 《하르츠 여행기》가 있으며 다수의 논문을 발표했다.

파우스트 박사. 무용 시

지은이 하인리히 하이네
옮긴이 김희근
펴낸이 박영률

초판 1쇄 펴낸날 2026년 2월 27일

커뮤니케이션북스(주)
출판등록 제313-2007-000166호(2007년 8월 17일)
02880 서울시 성북구 성북로 5-11
전화 (02) 7474 001, 팩스 (02) 736 5047
commbooks@commbooks.com
commbooks.com

지식을만드는지식은
커뮤니케이션북스(주)의 고전 출판 브랜드입니다.

ISBN 979-11-430-1963-9 03850

책값은 뒤표지에 있습니다.